UFO READING

UFOリーディング
地球の近未来を語る

RYUHO OKAWA
大川隆法

まえがき

もう何も解説はいらないかもしれない。

信じるものは信じなさい。

日本という国には、チャレンジングな気風《きふう》が薄《うす》れ、何事にも遅行性《ちこうせい》がある。

本書は、今年、私が接近遭遇《せっきんそうぐう》したＵＦＯと、宇宙人で、リーディングがまだ未発表のものを集めたものである。

私の大講演会には、百機レベルのＵＦＯフリート（艦隊）がよく現れることは知られているし、一度に数千人が目撃したこともある（例。横浜アリーナ会場、講演終了後）。

本書では、個別に来訪したものに対応した会話が収録されている。たとえ相手が宇宙語を使おうと、私には一瞬で通じるので不便はない。
かつてジョン・レノンやレーガン大統領も宇宙人と遭遇しているという。現在、世界百二十七カ国に信者を持つ私などは、彼らからもＰＲの対象として選ばれるのは、理《り》の当然でもあろう。

二〇二〇年　九月二十五日

幸福《こうふく》の科学《かがく》グループ創始者兼総裁《そうししゃけんそうさい》　大川隆法《おおかわりゅうほう》

ＵＦＯリーディング　地球の近未来を語る　目次

UFOリーディング43

1　2020年、戦時体制に突入《とつにゅう》した地球を見守る司令官
ニュークラフト星ミスターA

二〇二〇年一月八日　収録
幸福の科学　特別説法堂《せっぽうどう》にて

UFOリーディング44

2 「宇宙の指令基地」を築こうとする宇宙人たち

エルダー星ヤイドロン

二〇二〇年一月九日　収録
幸福の科学 特別説法堂にて

3 「ゴールデン・エイジ」の厳しい始まりを告げる

みずがめ座エンドロール星アリシア

二〇二〇年三月十九日　収録
幸福の科学 特別説法堂にて

UFOリーディング48

4 HSU上空に現れた芸術系の宇宙人

みずがめ座エンドロール星ニケータ／エルダー星ヤイドロン

二〇二〇年四月四日 収録
千葉県・ハッピー・サイエンス・ユニバーシティにて

5 宣戦布告《せんせんふこく》に来た龍《りゅう》型宇宙人の正体

へびつかい座ニュートリオンα《アルファ》

サマンサ・ミーア・ケルドー／エルダー星ヤイドロン

二〇二〇年四月五日　収録
幸福の科学　特別説法堂にて

2 ヤイドロンがへびつかい座の宇宙人を追い払《はら》う

UFOリーディング51

6　中東を待ち受ける政変の予感

いて座インクルード星メタトロン

二〇二〇年四月二十日　収録
幸福の科学　特別説法堂にて

「コロナウィルスは、全世界に同時に〝試《ため》し〟を起こしている」　165

UFOリーディング51

7 コロナウィルス対策の指針を語る
エルダー星ヤイドロン

二〇二〇年四月二十日　収録
幸福の科学　特別説法堂にて

UFOリーディング53

8 地球防衛隊への志願者の紹介《しょうかい》

火星イントール

二〇二〇年四月三十日　収録
幸福の科学　特別説法堂にて

9 人類のイノベーションと豊穣《ほうじょう》に関係する宇宙人

さそり座イマンガー

二〇二〇年五月七日　収録
幸福の科学　特別説法堂にて

10 見取り図のない未来に針路を示す

エルダー星ヤイドロン

二〇二〇年九月三日　収録
幸福の科学 特別説法堂にて

＊編集注

二〇一八年七月四日に、さいたまスーパーアリーナで、大川隆法総裁が御生誕祭法話《ほうわ》「宇宙時代の幕開け」を説いて以降、数多くのＵＦＯが大川隆法総裁のもとを訪れるようになり、「ＵＦＯリーディング」が収録されています（二〇二〇年九月二十五日現在、「ＵＦＯリーディング56」まで収録）。

本書は、そのうち、二〇二〇年一月以降に収録された「ＵＦＯリーディング」をとりまとめたものであり、「文明の転換点《てんかんてん》」とも言える二〇二〇年に、さまざまな宇宙人が「地球の近未来」についてメッセージを送ってきている事実を伝えるものです。いずれも大川隆法総裁がＵＦＯを発見し、その場でリーディングが行われています。

なお、二〇二〇年に収録されたもので、すでに書籍《しょせき》化されている「ＵＦＯリーディング」のなかでも、複数の宇宙人より、「地球の近未来」に関するメッセージが発されています。それら本書に未収録の「ＵＦＯリーディング」の概要《がいよう》につきましては、「巻末付録」の既刊《きかん》書籍の目次をご参照ください。

2020年1月〜9月・ＵＦＯリーディング一覧

収録日	収録タイトル	書籍名	※
1月2日	ＵＦＯリーディング41（メタトロン）	『中国発・新型コロナウィルス感染 霊査』第二部 第1章	1
1月3日	ＵＦＯリーディング42（Ｒ・Ａ・ゴール）	『中国発・新型コロナウィルス感染 霊査』第二部 第2章	2

1月8日	UFOリーディング43（ニュークラフト星ミスターA）	本書第1節	
1月9日	UFOリーディング44（ヤイドロン）	本書第2節	
2月17日	UFOリーディング45（R・A・ゴール）	『守護霊霊言　習近平の弁明』第5章	3
3月18日	UFOリーディング46（R・A・ゴール）	『中国発・新型コロナウィルス 人類への教訓は何か』第二部 第2章	4
3月19日	UFOリーディング47（みずがめ座エンドロール星）	本書第3節	
4月4日	UFOリーディング48（エンドロール星ニケータ、ヤイドロン）	本書第4節	
4月5日	UFOリーディング49（へびつかい座ニュートリオンαサマンサ・ミーア・ケルドー、ヤイドロン）	本書第5節	
4月14日	UFOリーディング50（メタトロン、ヤイドロン）	『釈尊の未来予言』第3章	5
4月20日	UFOリーディング51（メタトロン、ヤイドロン）	本書第6・7節	
4月21日	UFOリーディング52（こぐま座アンダルシアβ星　R・A・ワン）	※幸福の科学の精舎でリーディング公開（三帰者限定）	
4月30日	UFOリーディング53（火星イントール）	本書第8節	
5月7日	UFOリーディング54（さそり座イマンガー）	本書第9節	
5月14日	UFOリーディング55（R・A・ゴール）	『地球を見守る宇宙存在の眼』第一部 第2章	6
9月3日	UFOリーディング56（ヤイドロン）	本書第10節	

※は、巻末付録に掲載している目次の番号。

古来、釈迦《しゃか》のように悟《さと》りを開いた人には、人知を超《こ》えた六種の自由自在の能力「六神《ろくじん》通《ずう》」（神足通《じんそくつう》・天眼通《てんげんつう》・天耳通《てんにつう》・他心通《たしんつう》・宿命通《しゅくみょうつう》・漏尽通《ろじんつう》）が備わっているとされる。それは、時空間の壁《かべ》を超え、三世《さんぜ》を自在に見通す最高度の霊的《れいてき》能力である。著者は、六神通を自在に駆使《くし》した、さまざまなリーディングが可能。

本書に収録されたリーディングにおいては、霊言《れいげん》や霊視《れいし》、「タイムスリップ・リーディング（対象者の過去や未来の状況《じょうきょう》を透視《とうし》する）」「リモート・ビューイング（遠隔《えんかく》透視。特定の場所に霊体《れいたい》の一部を飛ばし、その場の状況を視《み》る）」「マインド・リーディング（遠隔地の者も含《ふく》め、対象者の思考や思念《しねん》を読み取る）」「ミューチュアル・カンバセーション（通常は話ができないような、さまざまな存在の思いをも代弁して会話する）」等の能力を使用している。

［質問者二名は、それぞれＡ・Ｂと表記］

UFOリーディング43

1

2020年、
戦時体制に突入《とつにゅう》した
地球を見守る司令官

―

ニュークラフト星ミスターA

2020年1月8日 収録　幸福の科学 特別説法堂《せっぽうどう》にて

「地球での戦争は、もう始まった」と見て警戒《けいかい》している

大川隆法　南西に出ているものよ。

前回●（二〇二〇年一月三日）、R・A・ゴールが出たのとほぼ同じぐらいの所だと思いますが、空はほとんど何も見えないのに、ただ一つだけ、とても強い光があります。私の目には、どちらかというと、縦長で、焦点《しょうてん》が二つあるというか、二つの光がくっついているような〝上下感〟が感じられます。

先ほど、羽田《はねだ》方面に飛んでいく航空機が、その向こう側の下側を通っていきましたので、飛行機より手前側に存在するように思います。ですから、星ではないと思います。

これは、この前と同じ、R・A・ゴールさんでしょうか。

今日（一月八日）は、スペース・ピープルについて、ジョージ・ルーカス（守護《しゅご》霊《れい》）等にインタビューしました。また、イランから十数発の弾道《だんどう》ミサイルが、イ

●前回……　「UFOリーディング―迫り来る中国の軍事行動への警鐘編―（R・A・ゴール③）」のこと。『中国発・新型コロナウィルス感染 霊査』（幸福の科学出版刊）所収。R・A・ゴールは、幸福の科学を支援している宇宙人の一人。宇宙防衛軍の司令官の一人であり、メシア（救世主）資格を持つ。

ラク内の米軍基地に発射されたことが、国際的にニュースになっています。何か関係がありますでしょうか。お願いします。

（約五秒間の沈黙《ちんもく》）

※以下、「 」内のゴシック体の部分は、大川隆法がリーディングした宇宙人の言葉である。

2020年1月8日、東京都上空に現れたUFOの画像。

大川隆法　「今日はR・A・ゴールではない」と言っている。ああ、違《ちが》う。違うのが来たか。違うのか。

私のいる所からはよく見える所にいるのですが、全体としては撮影《さつえい》しにくい場所です。

質問者A　どなたですか。

大川隆法　どちら様でしょうか。うん？

（約十秒間の沈黙）

うーん。「まあ、仮の名をミスターAと呼んでおく」と言っています。

質問者A　「A」？

大川隆法　「ミスターA」と呼んでいる。

質問者A　ABCの「A」？

大川隆法　はい。「私も司令官の一人です」と。

質問者A　何星の……。

大川隆法　えぇっと……。

（約五秒間の沈黙）

星の名前は、もしかしたら初めてかもしれない。

ミスターA　「ニュークラフト星、ニュークラフト星と呼ぶ星から来ておりますが」。

質問者A　ああ、初めてですね。

ミスターA　「使命はほぼ同じで、防衛軍で来ています。地球での戦争はもう始まったと見て、われわれは、今、警戒《けいかい》しております。あなたがたの周辺と、それと、戦争が起きている現状ですね。台湾《たいわん》上空や、あるいはイラン・イラク上空等、今、記録映画を撮影しています、何が起きるか、これから」。

質問者A　スタンスとしては、R・A・ゴールさんや、メタトロンさん、ヤイドロンさんと同じ側の方と考えてよろしいですか。

ミスターA　「そうです。同じ側です。
ただ、そうですね、仕事的に若干《じゃっかん》違うのは、私たちは、いざというときには、破壊《はかい》ビームでミサイル等を撃墜《げきつい》するだけの力がありますので。そういうすごい高速度で対応できる、今、駆逐艦《くちくかん》のようなUFOなんです、これ」。

質問者A　ほおおー。

「通信観察」と「攻撃《こうげき》」の二つの機能を持ったUFO

ミスターA　「今、近くに来てるんです。もう、直線距離《きょり》だと、ほんの一キロぐらいの所で。今、下を航空機が飛んでいってるのが分かりますか？」

●メタトロン　幸福の科学を支援している宇宙人で、光の神の一人。イエス・キリストの宇宙の魂（アモール）の一部。本書 p.148 参照。

●ヤイドロン　幸福の科学を支援している宇宙人の一人。地球霊界における高次元霊的な力を持っており、「正義の神」に相当する。本書 p.44 参照。

質問者Ａ　はい。

ミスターＡ　「これ、下を飛んでいるし、上にも飛んでいる。上と下に、二つに挟《はさ》まれているようななか、星のようなふりをして浮《う》かんでいるんですけれども」。

質問者Ａ　（ＵＦＯは）どんな形をしていますか。

ミスターＡ　「形自体は、そうですねえ、まあ……、あえて言うと、うーん……、正月の餅《もち》つき用の臼《うす》を、上下《うえした》くっつけたような形をしています。二機に分離することも可能です、私たちは」。

質問者Ａ　なるほど。何メートルぐらいでしょうか、高さは。

ミスターA　「高さは三十メートルぐらい」。

質問者A　横は？

ミスターA　「横は二十メートルぐらいありますけど」。

質問者A　何人乗りですか。

ミスターA　「ええっと、上の構造に乗っているのが七人で、下の構造に十人ぐらい乗っています。

今、二機が一体になっているんですけど、一つは通信観察用。下の側が通信観察用の、記録用の機種ですね。それで、上の側のほうは、いざという場合の攻撃《こうげき》用のビーム関係の武器を、四方八方《しほうはっぽう》に持ってます。で、場合によっては、何かあったときに、これを使うつもりではおります」。

時間を止めるようにして、ドローン等を撃《う》ち落とすことができる

ミスターＡ　「今、ここに来ているのは、実は、上空を警備しているんです」。

質問者Ａ　ああ、ありがとうございます。

ミスターＡ　「うん。こういう時期なので、何があるか分からないので、上空で、今、警備中です。

あなたがたがですねえ、ドローンとかミサイルとか、いろいろなもので狙《ねら》われることも……。ＣＩＡとか中国のほうの情報網《じょうほうもう》とか、いろんなものが、今、暗躍《あんやく》中ですので、何か誤解されて、裏から糸を引っ張っているように言われるといけないので、いちおう警備していて。

万一《まんいつ》のそういうときには、われわれは、あなたがたから見れば、時間を止めてい

るように見える。時間を止めるように見えて、超《ちょう》スローモーションのなかで、ドローンとか攻撃兵器とかがありましたら、それを撃《う》ち落とすことができます」。

質問者A　ありがとうございます。

ミスターA　「そのために警備しています」。

質問者A　もう、ドローンとかで来られたら、分からないですからね。

ミスターA　「そうそう。もうこれ、上空から物体として見えますので。建物の場合は、ターゲティングされると、百発百中、当たるんですよ。だから、それは私たちが撃ち落とすつもりで。交替《こうたい》でやりますから」。

質問者A　すみません。

ミスターＡ　「今、ちょっと姿を現して、『やっています』ということを合図しているだけなんで」。

質問者Ａ　ありがとうございます。

ミスターＡ　「今はビジブル・モード（可視《かし》状態）で、ちょっと出てるんですけど、日が暮れてきたので、星でも構わないと思い……。動いてるでしょ？　激しく動いて、今、合図してるところですけど。

ビジブル・モードなんだけど、普段《ふだん》はインビジブル・モード（不可視状態）に変わります。だから、すぐまた消えますけど、警備しています。今ちょっと、緊張《きんちょう》が走っているので」。

質問者Ａ　なるほど。

ミスターA　「少なくとも、イランと台湾に、ある程度目処《めど》がつくまでの間は、これから二十四時間警護態勢に入ります」。

質問者A　すみません。本当にありがとうございます。

ミスターA　「いやあ、ロックオンされるとねえ、どこからでも撃てるし、今、日本国内に、例えば、ゲリラがいれば、ドローンを飛ばされると上空から攻撃できますから」。

質問者A　本当にそうですね。

ミスターA　「だけど、それを、今、防衛する能力が日本にはないんです、国内に。首相官邸《かんてい》だって、もちろん狙われていますけど、首相官邸が狙われてもどうってことはないというか、まあ、代わりはいくらでもいますけど。こちらは代わりがないので、警備しています。ええ」。

「防衛と攻撃《こうげき》」の両方を表したミスターAの姿

質問者A　ちなみに、どんなお姿をされていますか。

ミスターA　「ああ、私……」。

質問者A　すみません、外見を訊《き》いてしまって。せっかく宇宙の方でもありますので……。

ミスターA　「まあ、私は……(笑)。すみませんねえ、あまりかっこよくないかも。お好きかどうかは、ちょっと分からないんですが、私、サイとゾウを合わせたような形になってて（笑）」。

質問者Ａ　ああ、いいじゃないですか。

ミスターＡ　「長い鼻があるんですよ（笑）。いちおう鼻があって。頭には、でも、サイみたいな角《つの》も、実は生《は》えていて。

まあ、いちおう、手だけは、指が出るようにはなっているんですが、指は出さないこともできて。いちおう、二本足では立てるんですけれども。

まあ、そういう形なので、ゾウの性質とサイの性質と両方、いちおう兼《か》ね備えている。要するに、『突進力《とっしんりょく》』と、それから、ゾウは平和だけど、すごい『防衛力』が強いんですよね。だから、トラとかライオンでもゾウには勝てないんですよ、ゾウの鼻で打たれるとね。そういう、『防御《ぼうぎょ》と攻撃《こうげき》』の両方を表した姿をしています」。

質問者Ａ　「ミスターＡさん」だから、男性でよろしいんですよね？

ミスターA　「はい。男性で結構です」。

ニュークラフト星はベガ周辺の星

質問者A　あなた様が率《ひき》いているチームは、何か名前があったりしますか。例えば、「惑星連合《わくせいれんごう》」とは違う……。

ミスターA　「いやあ、まあ、一部は一部ですよ。性能がそれぞれ、ちょっと違うので。持っている性能に違いがあるので」。

質問者A　惑星連合のなかにも、司令官がたくさんいるということですよね。

ミスターA　「はい、そうですね。私は、クラフト星というところから来てる者ですけども、これは、まあ、あえて言うならば……。あなたがたで言えば、そうだねえ、やっぱり、ベガ周辺の星と思ってくれていいかもしれません。

今は、でも、警備に来ていますので。まあ、いろいろチームがあるので。ヤイドロン氏とかは、今、もう偵察《ていさつ》に忙《いそが》しくて、あちこち見に行っているので」。

質問者Ａ　そうですよね。

ミスターＡ　「アメリカやイランや中国、いろんなところから情報収集しております」。

大川隆法　（ＵＦＯが）だいぶ動きましたね。右にだいぶ動いてしまいましたけれども。

質問者Ａ　はい。

ミスターＡ　「まあ、とりあえず、警備しているということで。お弟子《でし》さんたちでは警備ができないはずなので」。

質問者Ａ　すみません。

ミスターＡ　「居場所が特定されているので、警備しています」。

「マスター・リュウホウ・オオカワは銀河系宇宙関連のナンバーワン・マスター」

質問者Ａ　マスター・リュウホウ・オオカワをご存じで、（あなたは）弟子と考えてよろしいでしょうか。

ミスターA　「いやあ、それは偉大《いだい》な、偉大な偉大な宇宙的マスターの一人というか、一人と言うほど、私は数は知らないんですけど、少なくとも、この銀河系宇宙関連では、もう、ナンバーワン・マスターなので、どんなことがあっても護《まも》らなければなりませんので」。

質問者A　はい、護りに来てくださっていると。

　また、下を飛行機が……。

ミスターA　「ああ、そうでしょう？　下を飛行機が飛んでるでしょう？」

質問者A　はい。

ミスターA　「あれ、飛んでいるんですよ」。

質問者Ａ　それに比して、すごく光が大きいですよね。

ミスターＡ　「あれはね、だから、羽田方向に飛んでいっている。真下を飛んでいるのに。上にね、あの……、アッハッハッハ（笑）、いるんですけどね、ええ」。

質問者Ａ　はい。分かりました。本当にありがとうございます。

ミスターＡ　「はい、はい。じゃあ、いちおう姿を見せて、『警備をしています』という、これ、報告だけですので」。

質問者Ａ　はい。ありがとうございます。

ミスターＡ　「しばらくしたら消えます。はい。すいません」。

質問者A　本当にありがとうございます。

ミスターA　「はい」。

ミスターAの「A」は、「エース」を意味している

（編集注。一回目はカメラに収まらず、音声のみの収録となったが、その後、同日に映像で撮影することができたので、追加でリーディングを行《おこな》った）

大川隆法　撮《と》れていますか？

質問者A　これですね。ちょっと揺《ゆ》れていますけれども。

大川隆法　それです。でも、どんどん右に動いている、さっきから。

真下に航空機が飛んでいるから……。

質問者A　（周りにも光が映っていますが）この周りのものは星なのでしょうか。

大川隆法　ほかのものは、肉眼では見えないけれどもね。

質問者A　えっと……、周りに、一、二、三、四、五。

大川隆法　いや、小さく動いているんですよね、小さいのが。

質問者A　ピコピコと光ってはいますけれども……。

大川隆法　あれは航空機だと思うんですよ、下を飛んでいるものはね、ピコピコと。だけど、航空機以外のものも少しいるような感じがするんですよ。

メイン（の光）はこれですね。これが、ミスターA、クラフト星。

質問者A　ニュークラフト星、ミスターA。

大川隆法　ニュークラフト、ミスターA。「攻撃と防御のエース」らしい。

質問者A　「A」は「エース」という意味だそうです。

大川隆法　はい。要するに、時間を止めるようにして、攻撃したり防御したりができるらしい、ということです。

質問者A　はい。では、これで切ります。

大川隆法　いいですか。映像は撮れましたか？

質問者A　はい。

大川隆法　オッケー。

UFOリーディング44

2

「宇宙の指令基地」を築こうとする宇宙人たち

エルダー星ヤイドロン

2020年1月9日 収録　幸福の科学 特別説法堂《せっぽうどう》にて

ヤイドロン

マゼラン銀河・エルダー星の宇宙人。地球霊界《れいかい》における高次元霊的な力を持ち、「正義の神」に相当する。エルダー星では、最高級の裁判官 兼《けん》 政治家のような仕事をしており、正義と裁きの側面を司《つかさど》っている。かつて、メシア養成星《せい》でエル・カンターレの教えを受けたことがあり、現在、大川隆法として下生《げしょう》しているエル・カンターレの外護《げご》的役割を担《にな》う。肉体と霊体《れいたい》を超越《ちょうえつ》した無限の寿命《じゅみょう》を持ち、地球の文明の興亡や戦争、大災害等にもかかわっている。

質問者
大川紫央《おおかわしお》（幸福の科学総裁補佐《ほさ》）

［役職は収録時点のもの］

二〇二〇年の新年の挨拶《あいさつ》に来たヤイドロン

※以下、「 」内のゴシック体の部分は、大川隆法がリーディングした宇宙人ヤイドロンの言葉である。

大川隆法　ミスターAですか。どちらか。R・A・ゴール、オア、ミスターAですか。今日来ているのは誰《だれ》ですか。そこにいるのは……。

（約五秒間の沈黙《ちんもく》）

うん、**「ヤイドロン・ヒア」**と言っている。

大川紫央　あっ！　今思ったんです、「ヤイドロンさんかな」って。

2020年1月9日、東京都上空に現れたUFOの画像。

ヤイドロン　「挨拶《あいさつ》に来ました。今年の（新年の挨拶が）遅《おく》れたので、挨拶に来ました」。

大川紫央　ハッピー・ニュー・イヤー。

ヤイドロン　「見ると思ったので。この時間に見ると思ったので、ちょっと出ています。ヤイドロンです。大丈夫《だいじょうぶ》ですから。これからも引き続き任務に就《つ》いていますので、必要とあれば、いつでも呼んでくださって大丈夫ですから」。

大川紫央　本当にありがとうございます。

「月と間違《まちが》うほど大きなもの」が上空に現れていた

大川隆法　（光が）三つぐらいあるね。

大川紫央　先ほど、総裁先生がちょっと船団を見ましたが、あれは……。

大川隆法　ああ。はい。船団みたいなものを見ました。
ヤイドロンに訊《き》いたらいいですか？

大川紫央　そうですね。

大川隆法　ヤイドロンさん、ちょっと距離《きょり》がありましたけど、真上に大きな……。
雲が激しく流れて動いていて、その裏側にあるので、「たぶん、大きな月だ」と思って、一つだけ「雲越《くもご》しの月」みたいなものを見ていたんです。

そうしたら、いきなり、スポットライトが当たったようなものが、右に三つ、左に三つ出てきて、それを挟《はさ》んで、「六個だ」と思ったら、次の瞬間《しゅんかん》に動き始めて、次は九個に変わりました。

そして、紫央さんを呼びに行き、カメラを持って帰ってきたら消えていました。小さい、スポットライトの当たったようなもの、要するに、雲越しに見えていたような明かりが消えていて、「ああ、もう見えなくなったんだなあ」と思いました。

「月はあるんだろう」と思って、しばらく見ていたんだけど、それも、しばらくして雲が動いていったら、「その月なんてなかった」ということが分かってしまいました。そこには月がなかったので、「月だ」と思っていたものは、ものすごく大きな母船だったただろうと思います。それは月だと間違《まちが》うぐらい大きかったので、あんな巨大《きょだい》なものはちょっと見たことがありません。普通《ふつう》は大きな星程度のものしか来ないのです。

雲に紛《まぎ》れてはいたけれども、スポットライトが当たっているようで、「下から当たっているのか」と思ったのですが、下からの光線はなかったので、下から当てるはずがないのです。
あの動き方の速さは、ちょっと見たことがない速さでした。目測で二キロメートルを一秒ぐらいで動いているような速さでしたから、だとすると、おそらく時速七千二百キロですか。それがジグザグに交差するように動きました。

ほんの一瞬《いっしゅん》、母船と準母船の大きいものが真上にいた

大川隆法　あちらのものも見えなくなりましたね。
先ほど、ヤイドロンさんが挨拶に出ていました。

大川紫央　ヤイドロンさんの船団だったのでしょうか。

大川隆法　うーん。ヤイドロンさんに訊いたほうがいいのかな、見えないけれども。

ヤイドロンさん、ヤイドロンさん。先ほどのは、何が見えたのでしょうか。ヤイドロンさん、先ほどは何が見えていたのでしょうか……。

あっ、やっぱり、ほんの一瞬《いっしゅん》だけど、母船団が真上にいたようです。

ヤイドロン　「母船と準母船の大きいものが真上にいて、いちばん大きいものは直径が数百メートルぐらいあって……」。

大川紫央　えぇーっ！

ヤイドロン　「あとの小さく動いているように見えるものも、直径が二百メートルぐらいあるものだったんです。これは今、はるか上空のほうに上がっていっているので、もう見えないです」。

東京上空に宇宙の指令基地を築こうとしている者たちがいる

大川紫央　それはヤイドロンさんたちの仲間ですか？

ヤイドロン　「うーん。直接やっているものではないけど、今は艦隊《かんたい》で来ていて、とにかく、この上空あたりに、宇宙の指令基地を築こうとしているような感じがちょっとあります」。

大川紫央　ええーっ？

ヤイドロン　「みな、集まってきている」。

大川紫央　それは、いい人たちなのでしょうか。

ヤイドロン　「まあ、いいか悪いかは分からないけど、みんな見に……。視察ポイントなので」。

大川紫央　（笑）

ヤイドロン　「あの……」。

大川紫央　ヤイドロン機も見えなくなってしまいました。

ヤイドロン　「はい。私の機も（見え）なくなっています。視察ポイントなので。今日みたいに風が強くて雲が流れているときは、分かりにくいので、出やすいんです。とても、本当は」。

大川紫央　では、今年もよろしくお願いします。

ヤイドロン　「はい、はい」。

大川紫央　本当にありがとうございます。

大川隆法　はい。「大船団がほんの一分間ぐらい出ました」ということです。あれだと、どうにもつかみようがないでしょうね。

3

「ゴールデン・エイジ」の厳しい始まりを告げる

―

みずがめ座エンドロール星アリシア

2020年3月19日 収録　幸福の科学 特別説法堂《せっぽうどう》にて

「東京オリンピックは、開催《かいさい》されないでしょう」

質問者A　（カメラを）ズームしています。

大川隆法　小学校の真上ぐらいに出ています。すごく大きな光です。でも、雲が迫《せま》っているから隠《かく》れる可能性があります。どちら様か、意見があって来ているのでしょうか。すごく目立つ、大きな光です。

質問者A　大きいですね。

※以下、「　」内のゴシック体の部分は、大川隆法がリーディングした宇宙人の言葉である。

2020年3月19日、東京都上空に現れたUFOの画像。

大川隆法　エン、エン……、「エンドロール」？　エンドロールって、●前に来たことがある……。

質問者Ａ　前に来たことがありますね。

大川隆法　エンドロール星。エンドロール星という……。「エンドロール星から来た者だ」とは言っているが。

質問者Ａ　はい。あれ？　安室奈美恵《あむろなみえ》さん（に関係がある星でしたか）？　違《ちが》ったかな。

大川隆法　忘れましたね。

でも、もうすぐ隠れてしまいますね、これは。

●前に来たことが……　2018年9月19日に「UFOリーディング（マゼラン星雲β《ベータ》星、みずがめ座エンドロール星）」を収録。『「UFOリーディング」写真集』（幸福の科学出版刊）参照。

何か意見がありましたら、お願いします。何か意見がありますか。

（約五秒間の沈黙《ちんもく》）

宇宙人　「東京オリンピックは、開催《かいさい》されないでしょう」。

質問者Ａ　なるほど。

宇宙人　「ついては、その他のものも、いろんなものが中止になるでしょう。だから、今年は、どうやって大不況《だいふきょう》を乗り越《こ》すかということが中心になります」。

「食料危機が襲《おそ》い、一九二九年の恐慌《きょうこう》を超《こ》える可能性があります」

宇宙人　「欧州《おうしゅう》もすごいです。アメリカも厳しいですが、中国も、もう一回のへこみが始まりまして、アフリカから中東あたりも食料危機が襲《おそ》います。そうとう強い覚悟《かくご》でやらないと、もしかしたら、一九二九年恐慌《きょうこう》を超《こ》える可能性があります。

これが、あなたがたにとってのゴールデン・エイジになるかどうかの戦いですが、地上に悪なるものがはびこっているときに、やはり、地上の繁栄《はんえい》はありえないということ。まあ、賭《か》けですけどね、そうとう悪いと思います」。

質問者Ａ　うーん。

宇宙人　「それから、バッタの巨大《きょだい》集団はやって来るので、食料危機がまもなくやって来ます。

だから、中国からの輸入は減っていますが、食料もあるはずなので、まあ、こういうものも厳しいし、アジア系も厳しいですね。

それから、〝鎖国《さこく》〟が特に厳しいので、もう、ヨーロッパからその他のところ、まあ、国際的に完全に麻痺《まひ》する状態って、ちょっとした、やっぱり……。今のはコロナウィルスによるパンデミックですけれども、もっと、世界的な意味での、『心』

も含《ふく》めての恐慌が起きると思います」。

質問者A　なるほど。

宇宙人　「でも、人類には、そうとう激しい反省を迫ります」。

「地球の人口の削減《さくげん》を考えている者があるかもしれません」

宇宙人　「麻生《あそう》副総理が『呪《のろ》われたオリンピック、五輪』とか言っていますけれども、本当に今年は、かなり厳しい年が、もう一回、回ってくる感じになりますねえ。さあ、乗り切れましょうか。あなたがたに〝エンドロール〟を出すことにならないように、私たちも頑張《がんば》らなければいけないと思いますが」。

質問者A　すみません。

宇宙人 「もしかすると、やっぱり、地球の人口の削減《さくげん》を考えている者があるかもしれませんね」。

名前はアリシアといい、かつてオシリス神と関係があった

宇宙人 「後ろに飛行機が、下を通っているのが分かりますか？」

質問者A ああ、本当ですね。

宇宙人 **「そう遠くにないんです」**。

質問者A ちょっと、（カメラを）動かしますね。ズームを外します。ああ、飛行機は撮《と》れなかったか。すみません。

あなた様は、お名前はありますか。

宇宙人「ええ、私はですね、まあ……。ああ、今来ている者はですね、かつてオシリス神と関係のあった者ではあるんですが、今乗っている者はね」。

質問者A　R・A・ゴールさんなどは知っていらっしゃいますか。

宇宙人「ええ、まあ、知ってますが、R・A・ゴールばっかりではいけないと思って、ちょっと来てるんですけどね」。

質問者A　なるほど。

宇宙人「ほかの者も、やっぱり見てますよということですね」。

質問者A　お名前はあるんですか。

宇宙人「まあ……、まあ、あえて言うとしたら……。ああ、私の後ろに雲が通ってるの、見えますか？」

質問者A　はい。うーん、ちょっと、カメラには映らないかもしれないですね。

大川隆法　ああ、ちょっと隠れてきましたね。

質問者A　お名前はあるんですか。

宇宙人「ええ。まあ、今、使用してる名前は、アリシアっていう名前を使用してるんですけど」。

質問者A　女性ですか?

アリシア「ええ。まあ、支えが要《い》るでしょう。ちょっと、女性のほうも支えが要ると思うので、今年はやっています」。

質問者A　ありがとうございます。

「ゴールデン・エイジの始まりでもあるが、とても厳しい年でもある」

大川隆法　ああ。雲が後ろの背景に流れてすごいですねえ。

質問者A　そうですね。

アリシア「まあ、今、本当にねえ、親子での戦いとかをやっているような場合ではないんですけどね。もっともっと大きな使命があるのにね」。

質問者Ａ　でも、そういういろいろな戦いがあるのも一つの象徴《しょうちょう》で、霊言《れいげん》や霊的なものを信じられない人とか、宗教は全部悪だと思う人とかが増えていて、神に祈《いの》って善悪を判断するような人が圧倒《あっとう》的に減っているという実情ですよね。

アリシア　「それをね、覆《くつがえ》す年なんですよ。だから、ゴールデン・エイジの始まりでもあるが、とっても厳しい年でもあるんですよね」。

質問者Ａ　総裁や幸福の科学に大きな使命があるのに、邪魔《じゃま》をしているところはありますよね。

アリシア　「まあ、しかたがないですよね、過去の救世主もそういう経験はしましたからね」。

質問者A　そうですね。

アリシアの姿やＵＦＯの形、今回現れた目的を訊《き》く

質問者A　（光が）消えてしまいましたね。

大川隆法　ああ、雲が大きくなりましたので、ちょっと厳しくなりましたね。ときどき出ますね。手前に出るときがあるでしょう？　だから、雲の向こう側にあるわけではないんですよ。手前に見えるときがあるでしょう？　なかに今、入ってる。高さがあのあたりなんですよ。雲のなかに入るぐらいの高さなんです。

質問者A　ちなみに、お姿は、どのようなお姿をされていますか。

アリシア 「私は……、ロングドレスを着た女性の姿をしています。
今日の会議での、妖魔《ようま》、画皮《がひ》について、ちょっと霊指導を行おうと思っている者です」。

質問者A あっ、「画皮」●の映画の製作に関してですか。

アリシア 「はい、そうです」。

質問者A ああ、そうですか。ありがとうございます。

アリシア 「ええ。女性のあり方を教えようと思っています。ここも、実は地球にですね、大きな異変が起きている理由の一つではあるので」。

質問者A その、「画皮」関係のところですか?

●「画皮」の映画…… 2021年公開予定の映画「美しき誘惑―現代の『画皮』―」（製作総指揮・原作 大川隆法）のこと。なお、「画皮」とは、中国清代の怪異譚《かいいたん》『聊斎志異《りょうさいしい》』（蒲松齢《ほしょうれい》著）のなかの一篇で、人の皮を被《かぶ》り美女に化ける妖怪（妖《よう》魔《ま》）が登場する。

アリシア　「はい。女性の生き方っていうことをね、言わなければいけないことがあるので」。

質問者Ａ　ああ、そうですね。

アリシア　「まだね、言わなきゃいけないことがあるんですよ。

とにかく人間として、もう一回、新たに文明をつくり直さなきゃいけない時期があって、もう、その種はまいているんですけどね。

ただ、まだメジャーになり切っていないし、この世の常識的なレベルの、本当に、週刊誌、新聞程度が振《ふ》り回している状況ですので、それではもう手が届かないところまで、いろんな現象が起きます」。

質問者Ａ　はい。

アリシア 「ただ、私たちは、悪魔ではありません。私たちは、あなたがたを導くために来ている者です」。

大川隆法 ちょっと雲が多すぎて、もう、これは出られないですね。

質問者A そうですね。
では、せっかくのUFOリーディングですので、今日のUFOの形は……。

アリシア 「全長五十メートルぐらいで、基本的には円盤《えんばん》型をしていました。高さは十五メートルぐらい、直径五十メートルぐらいで、女性が比較《ひかく》的多いんですけど、まあ、三十人ぐらい乗っています」。

質問者A 分かりました。

アリシア　「エンドロールって、前に出たことはあるとは思うんですけどね」。

質問者Ａ　そうですね。すみません、ちょっと、すぐに思い出せなくて。

アリシア　「ええ、また調べてくだされば結構ですけれども。はい」。

質問者Ａ　分かりました。

アリシア　「ええ。女性霊で、美の問題にちょっと関心を持っている者ではあるんですけどね。まあ、いろんな指導霊が必要ですのでね。宇宙的な意味での美も必要でしょうけどね」。

質問者Ａ　ああ、そうですね。

「生き残れるかな、人類。とっても厳しいものが来ます」

アリシア 「さあ、今年、生き残れるかなあ。いろんな戦いがあります」。

質問者A 私たち幸福の科学の内部に集《つど》っている人たちに対しては、何かメッセージはありますか。

アリシア 「うーん……。そうですね、もう今、ほとんど、お籠《こ》もり状態に全体が追い込《こ》まれようとしていますのでねえ。だから、まあ、『思想的戦い』が必要ですね。

あんまり得意ではないだろうけれども、幸福の科学のほうも、もう外出できなくなってくる世界観のなかだったら、いろんな意味での情報発信？ 在宅にてキャッチできるような情報を発信する練習を、やっぱり、しないといけないかもしれませんね、もうちょっとねえ」。

質問者A　分かりました。

アリシア「いやあ……。いや、今年は〝重い〟ですよ。すごく頑張らなければ」。

質問者A　世界的に重いということですか？

アリシア「ええ、重い。大変です。だから、みんなね、前代未聞《ぜんだいみもん》、経験したことがないっていうことが、いっぱい起きます」。

質問者A　なるほど。

アリシア「まあ、オリンピックは潰《つぶ》れますね、おそらく。うん」。

質問者A　まあ、今のままだと危ないですよね。

アリシア　「それと、ほかのものまで、どこまで波及《はきゅう》するか、ですね。計画はまったく立たない状況になります。お金をいくら撒《ま》いたって、今度はお金の信用がなくなってくるでしょうね」。

質問者A　なるほど。分かりました。

アリシア　「さあ、生き残れるかな、人類。
厳しいぞ。とっても厳しいものが来ます。
まあ……、救世主が人々を導けるかどうかにかかっています。頑張ってください」。

質問者A　それは、弟子《でし》である私たちの責任も重大ですね。頑張らないといけません。

アリシア　「安住《あんじゅう》しすぎているところがありますので。これからは厳しいぞ、ということを言っておきたい」。

質問者A　分かりました。ありがとうございます。

アリシア　「はい」。

4

ＨＳＵ上空に現れた
芸術系の宇宙人

みずがめ座エンドロール星ニケータ

エルダー星ヤイドロン

2020年4月4日 収録
千葉県・ハッピー・サイエンス・ユニバーシティにて

〈リーディング収録の背景〉

本リーディングは、二〇二〇年四月五日、HSU（ハッピー・サイエンス・ユニバーシティ）での法話《ほうわ》「徳への階段」の前日に、HSUの上空に現れたUFOを調べるため、その場で収録されたものである。

HSUでの説法《せっぽう》前日、挨拶《あいさつ》に来たエンドロール星ニケータ

※以下、「　」内のゴシック体の部分は、大川隆法がリーディングした宇宙人の言葉である。

大川隆法　**「エンドロール星」**みたいなことを言っていらっしゃいます。

質問者A　エンドロール星だとアリシアさんですか。

2020年4月4日、千葉県上空に現れたUFOの画像。

大川隆法　うん、アリシアが来た？　何をしに来たのですか。

宇宙人　「明日《あした》は、トクマさんが（歌を）……」。

質問者Ａ　アリシアさんは、ヤイドロンさんのワイフ（奥様《おくさま》）ではなく？

大川隆法　アリシアはワイフではないんじゃないですか。

何かご用はございますか？

「ええ、これからたくさん出てきますよ」と言っているので。

質問者Ａ　あなたはアリシアさん？

大川隆法　あなたはアリシアさんですか？

●トクマさんが……　本収録の翌日、法話「徳への階段」に先立ち、大川隆法総裁が作詞・作曲の楽曲「ときめきの時」（映画「奇跡との出会い。―心に寄り添う。3―」挿入歌）を、ミュージシャンのトクマ（TOKMA）が歌った。

（約五秒間の沈黙《ちんもく》）

「逃《に》げも隠《かく》れもしないけど、別の名前を持っています。別の名前を持っている」と言っている。

質問者B　お名前は？

大川隆法　（約五秒間の沈黙）うーん、何か「ニケータ」みたいな名前……。エンドロール星かどうかは知らないけれども、「ニケータ」という名前のようなことを言っているような気がする。女性ですね。

質問者A　警備（のUFO）ですか？

大川隆法　今日は何のご用で来ましたか？

「ご挨拶《あいさつ》です」と。「警備は、別途《べっと》、出てきます」と言っている。

質問者Ａ　Thank you very much.《サンキューベリーマッチ》

警備中のヤイドロン機が現れる

大川隆法　月の周りぐらいに……、あっ！　出てきた！

質問者Ａ　あっ！　出てきた！

質問者Ｂ　さっきはなかったです。

大川隆法　なかった。

質問者Ａ　すごい！　なかったですよね。

2020年４月４日、千葉県上空に現れたUFOの画像。

大川隆法　出てきた。本当だ。今、出てきました。増えてきますよ。あそこ、なかったのに出てきました。

質問者A　しかも、（拡大しておらず）普通《ふつう》のカメラのモードです。さっきまでなかったですよね。

質問者B　なかったですね。

大川隆法　上下二段になっているように見えるけどね。

質問者A　こちらは？

大川隆法　うん、これですね。二段になっているように見えます。二重星みたいな感じになっています。上と下とで二段になっている。これはなかったよ。

質問者Ｂ　なかったです。

大川隆法　周りは全部、薄曇《うすぐも》りだから、これは、雲より下に出てきたということです。

質問者Ａ　これは警備ですか？　こちらは？

※以下、「　」内のゴシック体の部分は、大川隆法がリーディングした宇宙人ヤイドロンの言葉である。

大川隆法　これが話しているものですか？
Who are you?《フーアーユー》　What are you?《ワットアーユー》　どちら様ですか。

ヤイドロン　「いえ、別におなじみで」。

質問者A　ヤイドロンさん。

ヤイドロン　「はい、そうです」。

質問者B　ありがとうございます。

ヤイドロン　「別に、いやあ、『警備がいる』って言われたから出ただけで」。

質問者A　今、「警備は、別途、出てきます」と言った瞬間《しゅんかん》見たら、いました。

大川隆法　うん。ああ、あそこも出てきた。ああ、あのへんも、もう一つ出てきた。

質問者Ａ　ああ、本当だ。

質問者Ｂ　すごい。

大川隆法　薄曇りを破って出てきたね。あっ、こちらの斜《なな》め上も、ちょっとチラチラ何か光り始めている。

質問者Ｂ　うわあ、すごい。

大川隆法　あそこにも何か一つ小さいのが出て……。

質問者Ｂ　ニョロニョロと動いています。

大川隆法　雲より下に出なければ見えないので。

質問者A　ヤイドロン機だけ（カメラに）映ります。ありがとうございます。

大川隆法　ヤイドロン機は映りますか？　今日、来る前に、月の横のヤイドロン機と、R・A・ゴール機と、撮《と》ったんですよね。だけど、霊言《れいげん》はしなかったので。あれはちょっと遠い。小さいですね、まだね。ああ、でも、横にまだありますね。あっ、こっちにもある……。これから出てくるのかな？

ヤイドロン　「これからいっぱい出てきますよ」。

ニケータはＨＳＵに関係する芸術系の魂《たましい》？

質問者Ａ　ヤイドロンさんは、ニケータさんを知っていますか？

大川隆法　ヤイドロンさん、ニケータという人は知っていますか？
（約五秒間の沈黙）「**たぶん、ＨＳＵ絡《がら》みの芸術系の魂《たましい》だと思うよ**」と言っています。

質問者Ａ　あっ、なるほど。この間、エンドロール星の人が、「『画皮《がひ》』の映画にも力を与《あた》えたいと思っている」というようなことをおっしゃっていました（本書第3節参照）。

大川隆法　「**まあ、芸術系だと思うよ**」と言っています。

質問者Ａ　へぇえ。

大川隆法　（空を見て）あっ！　ここの上にも、ああ、ここにもある。あそこも出てきましたよ。あそこも出てきた。本当だ。増えてきましたね。一個、二個、まだ小さいけど、もうちょっと、はっきり出てくるんじゃないですか。降りてこないと……。

質問者B　あっ、あそこも出ましたよ。

大川隆法　また出てきた？　ああ、あそこも出てきましたね。

質問者A　千葉は星がよく見えるはずだから、みんな星に紛《まぎ》れています。

大川隆法　うーん。

質問者A　では、寒いので終わりにします。

大川隆法　はい。

質問者Ｂ　ありがとうございます。

質問者Ａ　本当にありがとうございます。

大川隆法　警備に来ています。

UFOリーディング 49

5

宣《せん》戦《せん》布《ふ》告《こく》に来た
龍《りゅう》型宇宙人の正体

―

へびつかい座ニュートリオンα《アルファ》
サマンサ・ミーア・ケルドー

―

エルダー星ヤイドロン

2020 年 4 月 5 日 収録　幸福の科学 特別説法堂《せっぽうどう》にて

1 「おまえたちを滅《ほろ》ぼす者」と語るへびつかい座の宇宙人

夜空に大きな光を放つものが現れる

質問者Ａ　（カメラを）ちょっと動かしてズームします。

大川隆法　あんなに大きな……。ちょっと光が強いですよね。全然違《ちが》う大きさです。

質問者Ａ　普通《ふつう》に見ると、けっこう違います。大きすぎます。光りすぎですけれども。

2020年４月５日、東京都上空に現れたUFOの画像。

大川隆法　月は（もっと）すごいけれども、さすがに大きすぎますよ。この〝星〟は大きすぎます。すごく大きな光ですね。

何か連絡《れんらく》したいことがあって来ているようです。あんなふうに小さいものがいっぱいありますね。小さいものがいっぱいあります。

これはすごく巨大《きょだい》で、何か言いたいことがあって現れているように見えます。昨日《きのう》（四月四日）、九十九里浜《くじゅうくりはま》で見たものでしょうか（本書第4節参照）。大きさ的には、ちょっと似ているけれども。

サマンサ・ミーア・ケルドーは敵の宇宙人か

※以下、「　」内のゴシック体の部分は、大川隆法がリーディングした宇宙人の言葉である。

大川隆法　目の前に大きく大きく輝《かがや》いているものよ。何か伝えたくて来ていますでしょうか。

(約五秒間の沈黙《ちんもく》) Who《フー》 are《アー》 you《ユー》? What《ワット》 are《アー》 you《ユー》?

(約五秒間の沈黙) 何か言いたいことがありますでしょうか。言いたいことがありますでしょうか。

(約十秒間の沈黙) ううん?

(約五秒間の沈黙) サ、サマンサ? サマンサ? サマンサ……、サマンサ・ミーア……、サマンサ・ミーア……? **「サマンサ・ミーア・ケルドー」**と言っている。まったく分からない。

質問者A それは名前ですか。

大川隆法 サマンサ・ミーア・ケルドーとは何ですか。サマンサ・ミーア・ケルドーとは何ですか。
(約五秒間の沈黙) 階級? 階級……、階級のようなもの?

サマンサ・ミーア・ケルドー、これは星の名前ですか。ＵＦＯの名前ですか。そのリーダーさんの名前でしょうか。何でしょうか。サマンサ・ミーア・ケルドーというのは、いったい何なのですか。

……いやあ（苦笑）、嘘《うそ》でしょう。勘弁《かんべん》してください。

質問者Ａ　うん？

大川隆法　「おまえたちを滅《ほろ》ぼす者」とか言っているから（笑）。

質問者Ａ　何と！

大川隆法　勘弁してください。それは駄目《だめ》です。それは駄目ですよ。

質問者Ａ　ちなみに、何星ですか？

大川隆法　何星から来た方ですか。何星から来た方ですか。

（約十秒間の沈黙）「ニュートリオンα《アルファ》」と言っている。ニュートリオンα……。

質問者Ａ　初めてですかね。

大川隆法　うん。「へびつかい座」。

質問者Ａ　へびつかい座。

大川隆法　「ニュートリオンα」「へびつかい座」「おまえたちを滅ぼしに来た者」と言っています。いやあ、何ということだ。

質問者Ａ　敵なのでしょうか。

大川隆法　敵ですか、これは。すごく接近してきています。強力な、強い光です。

質問者Ａ　だから、先ほど反応が出たのではないですか。

大川隆法　ああ、（孫の）隆一《りゅういち》君が（あの光を見て）そうとう泣いていましたね。

中国から来て、はくちょう座のブラックホールと関係がある？

大川隆法　サマンサ・ミーア・ケルドー……。名前が覚えられないですね。

質問者Ａ　えっ、それは名前ですか？　男性？　女性？

大川隆法　それは何なのですか。サマンサ・ミーア・ケルドーというのは、いったい何なのですか。

（約五秒間の沈黙）ニュー何とか星と言っていましたよね。

質問者A　その星の？

大川隆法　（約十秒間の沈黙）「中国から来た」と言っている。

質問者A　なるほど。

今、中国には、はくちょう座出身の人がいるのではないですか。習近平《しゅうきんぺい》さんです。

サマンサ・ミーア・ケルドー　「はくちょう座も、まあ、あるが……」。

質問者A　仲間ですか？

●中国には、はくちょう座出身の……　『習近平守護霊　ウイグル弾圧を語る』（幸福の科学出版刊）参照。

大川隆法　「いや、はくちょう座ではない。はくちょう座の、そう遠くない所にブラックホールがあるんだ」と言っている。

質問者A　では、そのブラックホールを使って一緒《いっしょ》に出てきているんですか。

大川隆法　まあ、そのブラックホールと関係はあるらしい。

質問者A　へええ。

龍《りゅう》の姿をしていて、長さ七千メートルのＵＦＯに乗っている

質問者A　（カメラの画面を見て）あっ、下にも何か小さいものが映っています。

大川隆法　ああ、本当ですね。何か小さいものが出てきましたね。

ああ、もしかして、これは〝子機〟がいるのではないですか。〝子機〟みたいなものが何か下にいるような気がします。ああ、〝子機〟が下にいるね。

質問者A　あっ、（カメラに）映っていますよ。

大川隆法　何だか小さい〝子機〟がいるね。

質問者A　はい。

（サマンサ・ミーア・ケルドーさんは）男性？　女性？

大川隆法　お話をしている方は男性ですか、女性……。

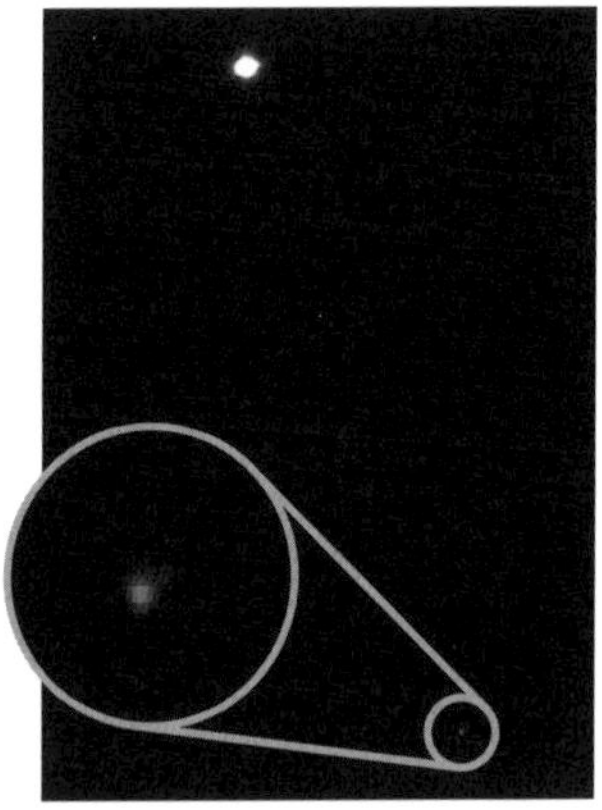

上は90ページと同じUFO。下に、途中から出始めた小さな光が映っている。

サマンサ・ミーア・ケルドー　「男性」。

質問者Ａ　姿は?

大川隆法　（約五秒間の沈黙）「龍《りゅう》のような形だ」と言っている。

質問者Ａ　やはり、恐竜型《きょうりゅう》なんですね。

大川隆法　うーん……。まあ、絵に描《か》いたような龍のような形で、手も足もあることはある龍だそうです。

質問者Ａ　今、何体、その宇宙船に乗っているんですか。

サマンサ・ミーア・ケルドー　（約五秒間の沈黙）「五十体ぐらい」。

質問者A　大きなＵＦＯですね。

サマンサ・ミーア・ケルドー　「うん」。

質問者A　ＵＦＯの長さは？

大川隆法　（約五秒間の沈黙）今、ライティングしている所は一部で、ライティングしていない透明《とうめい》な所、インビジブル・モード（不可視状態）の所があるのだそうです。**「ＵＦＯの長さは、実は七千メートルはある」**と言っている。

質問者A　ええ!?　七キロ！

サマンサ・ミーア・ケルドー　「うん」。

質問者A　やりますね。

サマンサ・ミーア・ケルドー　「だから、今、光っている所は、それは一部だけ見えている」。

新型コロナウィルスで、反中国勢力を一掃《いっそう》しようとしている

質問者A　コロナウィルスに関連して、何か言いに来たのですか。

大川隆法　中国関連か、コロナウィルス関連で何か言いたいことがありましたか。

（約五秒間の沈黙）「うん。逆襲《ぎゃくしゅう》をかける」と言っているな。

質問者A　どんなふうに？

大川隆法　「反中国勢力を、このコロナで一掃《いっそう》する」という。

質問者A　コロナウィルスはどこから出たんですか。

サマンサ・ミーア・ケルドー　（約五秒間の沈黙）「中国のほうは、もう対策はだいぶしたんだ」。

質問者A　どんな対策ですか。

サマンサ・ミーア・ケルドー　「うん？　だから、われわれが滅菌《めっきん》をしておるんだ」。

質問者A　いや、中国で（四月四日の）新たな感染者《かんせんしゃ》が三十人で、そのうち二十五人が海外から来たというのは嘘でしょう。

サマンサ・ミーア・ケルドー　「うん」。

質問者Ａ　嘘つきでしょう。

サマンサ・ミーア・ケルドー　「まあ、中国では、人間はものの数ではないので」。

質問者Ａ　えっ、では、どういう……。

サマンサ・ミーア・ケルドー　「人間も動物も一緒なので」。

質問者Ａ　それは、反中国の人が罹《かか》るように、ウィルスを改造したのですか？

サマンサ・ミーア・ケルドー　「今、（感染者・死者は）アメリカが最大じゃないか

（笑）。ざまあみろ」。

質問者A　アメリカに何かしたのですか？

サマンサ・ミーア・ケルドー　「〝アメリカ返し〟をやってやった」。

質問者A　どうやって？

サマンサ・ミーア・ケルドー　「アメリカ人が弱い菌……。アメリカ人が罹ると弱い……、うん」。

「バズーカ」という宇宙人とは仲間

質問者A　「●バズーカ」は知っていますか？

●バズーカ　幸福の科学のUFOリーディングによって発見された宇宙人で、マゼラン星雲β《ベータ》星のレプタリアン。「正義の神」に相当する宇宙人ヤイドロンをライバル視している。『「UFOリーディング」写真集』（前掲）参照。

サマンサ・ミーア・ケルドー　「知ってるよ」。

質問者Ａ　知っている。

サマンサ・ミーア・ケルドー　「うん」。

質問者Ａ　ずっと名前が思い出せなかったんですけど、今、思い出しました。バズーカという宇宙人が、前に三回ぐらい来て……。

サマンサ・ミーア・ケルドー　「仲間だよ」。

質問者Ａ　あなたとどちらが上なんですか。

サマンサ・ミーア・ケルドー　「まあ、そういう言い方は気に食わない」。

質問者A　なぜ？　そちらの世界は、そういう序列がはっきりしているのではないんですか。

サマンサ・ミーア・ケルドー　「いや、そういう言い方は気に食わない」。

質問者A　友達ですか？

サマンサ・ミーア・ケルドー　「そういう者はいない」。

質問者A　同レベル？

サマンサ・ミーア・ケルドー　「（ＵＦＯの長さは）七千メートルって言っただろ

う」。

質問者Ａ　どちらが強いんですか。

サマンサ・ミーア・ケルドー　「私が戦艦《せんかん》に乗ってるのに、決まってるだろうが」。

質問者Ａ　でも、「サマンサ」は女性の名前ですよね。

サマンサ・ミーア・ケルドー　「うん。まあ一部な」。

質問者Ａ　えっ、一部は女性なんですか。

サマンサ・ミーア・ケルドー　「うん。まあ〝兼用《けんよう》〟なので」。

質問者A　あっ、卵を産めるとか?

サマンサ・ミーア・ケルドー　「うん。そう」。

質問者A　なるほど。

体長は五十メートルで、「全人代《ぜんじんだい》を率《ひき》いている人」を指導している?

大川隆法　あちらに小さい赤いものも、何か動いていますね。

質問者A　ああ……。怪《あや》しいですね、確かに。普通の星ではない感じで、ゆらゆらしています。

大川隆法　赤いけれども、動いていますね。

今、また何かが近づいている。航空機が近づいている。

質問者A　では、あなたにはどのくらいの権限があるんですか。

サマンサ・ミーアア・ケルドー　「うん？　まあ、人類を半分以下にする権限はある」。

質問者A　いや（苦笑）、ないでしょう。中国の上層にいる宇宙の人たちのなかでは、どのくらいのレベルの人なのですか？

サマンサ・ミーアア・ケルドー　「だから、世界を中国語で統一するという目的を持っている」。

質問者A　では、あなたは中国語を話せるのですか。

サマンサ・ミーア・ケルドー　「もちろん」。

質問者A　英語は？　話せない？

サマンサ・ミーア・ケルドー　「好きでない」。

質問者A　なるほど。
今、特にどんな人を指導していますか。

サマンサ・ミーア・ケルドー　「うん？　どんな人って、全人代《ぜんじんだい》を率《ひき》いとる」。

質問者A　えっ、もしかして、あなたは習近平さんの宇宙人？

サマンサ・ミーア・ケルドー　「いや、そういうことは答えられない」。

質問者A　えっ、では、そういうことですか？　やはり、この〝子機〟はいつも（カメラに）映るんですけれども。

大川隆法　〝子機〟がありますね。

質問者A　また、いつも直線状にいます。

大川隆法　これは、本当にあるんだね。下が〝子機〟でつながっているものが。

質問者A　体長は何メートルですか？

サマンサ・ミーア・ケルドー　「何？」

質問者A　あなたの体長です。

大川隆法　（約五秒間の沈黙）まあ、言っていることが本当か分からないけれども、「五十メートルぐらい」と言っています（笑）。

質問者A　えっ、そんなに大きくはないでしょう（笑）。

大川隆法　これは、ちょっと大きすぎるでしょう。

質問者A　そんなに大きいのですか。

大川隆法　まあ、もし、乗り物が七千メートルあったら、あるかもしれない。

質問者A　幸福の科学の宇宙人リーディングでも誰《だれ》かそのくらい……、二十五メートルかもしれない……。

「宣戦布告《せんせんふこく》」のために中国から来た？

質問者A　あっ、しかもですね、先生、〝子機〟の……。

大川隆法　〝子機〟がいますよ。

質問者A　〝子機〟の上に、さらに小さい〝子機〟がいます。それとも、もしかして、これ（大きな光）が中心点？

大川隆法　子機みたいに見えているのは、ほかの見えている光なのではないですか？

質問者Ａ　なるほど。

大川隆法　だから、これは長いんですよ。大きいんですよ。

質問者Ａ　大きいですね。

大川隆法　だから、光っている所は一部なんですよ。

質問者Ａ　ここに一個で、この上にも、もう一個ピコピコ光っています。

大川隆法　そうそう。だから、ほかにも見えるから、実は、これは大きいのではないですか。見えないようにしている。

質問者Ａ　わざわざ中国からここまで来てくれたんですか。

大川隆法　宣戦布告《せんせんふこく》ですか。何ですか。何をしに来たんですか。「おまえら、皆殺《みなごろ》しだ」と言っている（笑）。

質問者Ａ　（笑）

大川隆法　これは悪いものが来たな。ちょっと、ヤイドロンさんとかを呼ばなければいけない。

ヤイドロンさん、Ｒ・Ａ・ゴールさん、何か悪いものが来ていますけれども。

質問者Ａ　先ほど、隆一君に何かテレパシーを送ったのでしょうか？

大川隆法　そう。何かキャッチしていましたね。

質問者Ａ　送りましたか？

大川隆法　ヤイドロンさん、Ｒ・Ａ・ゴールさん、これは大丈夫《だいじょうぶ》ですか。中国から何か大きいものが来ていますけれども。

質問者Ａ　（宇宙人の）みなさん、（昨日まで）ＨＳＵに行ってくれていたので。

大川隆法　ＨＳＵのほうに行っていた？

これ（サマンサ・ミーア・ケルドーのＵＦＯ）は本当に、けっこういい位置につけているよね。これは、でも、二つつながっているので長いんですよ。だから、大きいんですよ。部分的にだけ光っている。

質問者Ａ　なぜ、ここに言いに来たのですか？

大川隆法　何をしに、なぜ、言いに来たのですか?
……「宣戦布告」、「宣戦布告」と言っている。

質問者A　あなたの上司はどなた?

大川隆法　「そんなものいるか」って。

子機のように見える光は巨大《きょだい》UFOの一部か

大川隆法　もしかしたら、あちらの赤い小さいものまで、これはつながっているかもしれない。

質問者A　可能性はありますね。

大川隆法　大きいね、これは。

質問者Ａ　ちょっと映してみましょうか。ちょっと（カメラを）移動します。

大川隆法　それの少し右上の位置に、ちょっと点みたいなものがあるけど、あちらのほうの赤いものにまで、これはつながっている可能性がある。

質問者Ａ　手を振《ふ》ったらいけないですかね。

手を振ったら見えますか？　それは見えますよね。

大川隆法　あの赤いものはどうも怪しいから、あれは機体の一部につながっているのではないか。下と……。

これは本当に、ものすごく大きいのではないでしょうか。こちら側にも何となく小さいものがあるから、これ（大きな光）はもしかしたら、大きなＵＦＯの中心点ぐらいなのではないですか。何か左側の、こちら側にもちょっといるから。

質問者Ａ　はい。

大川隆法　うん。こちらの斜《なな》め上にもちょっといるから。

質問者Ａ　ああ、これですね。（カメラに）映りました。

大川隆法　ヤイドロンさん、Ｒ・Ａ・ゴールさん。

（約十秒間の沈黙）中国が逆襲をかけようとしているのかなあ。

こちら、右下にも、子機みたいな小さいものが……。

質問者Ａ　これは映るかな。ここにピコピコしていて……。ここにあるんですけれども。

大川隆法　周りに何かあるなあ、確かに。つながっているような気がする。

ヤイドロンとR・A・ゴールに呼びかけるが返信がない

質問者A　ヤイドロンさんたちはいないですか？

大川隆法　ヤイドロンさん、R・A・ゴールさん、これは大丈夫ですか。**「中国から来た」**と言っています。この前の（宇宙人の）●バズーカ以外の者のようです。バズーカではない。バズーカの代わりかもしれない。

質問者A　でも、バズーカさんは、そんなに頭がよさそうではありませんでした。

大川隆法　そうそう。

●バズーカ　本書 p.104 参照。

ちょっと、これの名前がはっきりしないんだけれども。長すぎて分からない。

質問者A　習近平さんの、宇宙の〝あれ〟ではないですか。

大川隆法　うーん。何か、つながりがある者。

質問者A　アー・ユー・習近平《シージンピン》？

あっ、分かった。ここで行きます。

ニー・シー・シー・ジンピン・マ（あなたは習近平ですか）？

大川隆法　アッハハハハハ（笑）。

質問者A　伝わる？　ニー・シー・シー・ジンピン・マ？

大川隆法　「あまり下手《へた》な中国語は使わないでほしい」って。

質問者A　（笑）

大川隆法　よく分からないね。

質問者A　ヤイドロンさんから返信がないですね。

大川隆法　ヤイドロンさん、ヤイドロンさん、Ｒ・Ａ・ゴールさん。ヤイドロンさん、Ｒ・Ａ・ゴールさん。

今日は空がうるさいねえ。（航空機が）よく飛んでいる。

質問者A　今日は多いですね。

大川隆法　やたら飛んでいる。やたら飛んでいるね。

質問者Ａ　ヤイドロンさーん。

大川隆法　（ＨＳＵのある）千葉のほうにはいたんだけど、帰ってきていないのかな。

「中国に宇宙人を下ろし、人間を食べようと思っている」

大川隆法　これ、でも……。いやあ、これは、確かに、一部だけ強力な光を出している感じがしますね。

質問者Ａ　体長五十メートルの龍が、五十体？

大川隆法　それはすごい。七千メートル、それはけっこうな……。母船だね、それだと。

質問者A　ちなみに、サマンサさんの宇宙船のなかには、男女共にいるのでしょうか。

サマンサ・ミーア・ケルドー　**「私が両性具有《りょうせいぐゆう》で、子孫《しそん》を増やす力がある」**。

質問者A　えっ？　では、「人口減らしたい」と言っても、自分がいちばん人口増に加担しているんじゃないですか？

大川隆法　**「だから、中国に宇宙人を下ろそうと思っているんだ」**と言っている。

質問者A　宇宙人は、（もうすでに）けっこう下りているんじゃないですか？

サマンサ・ミーア・ケルドー　「うん。下りている、すでに」。

質問者Ａ　宇宙人を下ろして、どうしたいんですか。

サマンサ・ミーア・ケルドー　「だから、食べて……」。

質問者Ａ　人間を？

サマンサ・ミーア・ケルドー　「うん。宇宙人との〝ハイブリッド〟にしようと、今、思っているところ」。

質問者Ａ　地球侵略《しんりゃく》計画？

サマンサ・ミーア・ケルドー　「うん。まあ、それもある。だから、中国人は、本当は中国の外に逃《のが》れようとしている」。

質問者Ａ　あっ、逃《に》げたいんですか、みんな。

サマンサ・ミーア・ケルドー　「うん、うん。怖《こわ》いからね」。

質問者Ａ　それを分かっているんですか。

サマンサ・ミーア・ケルドー　「うん」。

「今、中国は〝爬虫類《はちゅうるい》の戦国時代〟に入っている」

質問者Ａ　では、習明沢《しゅうめいたく》さんを知っていますか？

サマンサ・ミーア・ケルドー　「ああ……、うん」。

質問者Ａ　どんな感情を抱《いだ》きますか。

サマンサ・ミーア・ケルドー　「うーん……、まあ……」。

大川隆法　ああ、近づいてきたね、ちょっと、航空機が近づいているので……。

サマンサ・ミーア・ケルドー　「うん。まあ、（習近平の）娘《むすめ》だね」。

質問者Ａ　はい。

サマンサ・ミーア・ケルドー　「うーん。まあ、中国ではちょっともたないだろう、たぶん」。

質問者A　中国ではもたない？

サマンサ・ミーア・ケルドー　「うーん。もっとすごいのが、いっぱい今いるので」。

質問者A　もっとすごいのが、いっぱいいる？

サマンサ・ミーア・ケルドー　「うん。今、中国では、すごい……。まあ、言えば、〝爬《は》虫類《ちゅうるい》の戦国時代〟に入っとるんだ」。

質問者A　中国自体が？

サマンサ・ミーア・ケルドー　「ああ」。

質問者A　そういうことですか。

サマンサ・ミーア・ケルドー　「うん」。

質問者A　では、「あなたにも敵がいる」ということ？

サマンサ・ミーア・ケルドー　「そう」。

質問者A　でも、バズーカとは敵ではないんですか？

大川隆法　ああ、ヤイドロンの声が聞こえてき始めた。

質問者A　バズーカとは敵ではないの？

サマンサ・ミーア・ケルドー　「敵じゃあないが、ライバル」。

質問者A　ああ、なるほど。

サマンサ・ミーア・ケルドー　「うん」。

質問者A　誰の指令で動いているんですか。

サマンサ・ミーア・ケルドー　「……まあ、それは言えない」。

質問者A　いえ、言ってください。

サマンサ・ミーア・ケルドー　「言えない」。

●カンダハール　幸福の科学の宇宙人リーディングによって明らかになった、地球侵略の総司令官。宇宙の邪神（アーリマン）が使っている司令官（悪魔）の一人で、その正体は大きなクモのような姿と推測されている。『宇宙人による地球侵略はあるのか』（幸福の科学出版刊）等参照。

●アーリマン　幸福の科学の宇宙人リーディングのなかで、悪質宇宙人たちが支持していることが明らかになった「宇宙の邪神」。『地球を守る「宇宙連合」とは何か』（幸福の科学出版刊）等参照。

質問者Ａ　なぜ？

サマンサ・ミーア・ケルドー　「いやあ、それは闇《やみ》の帝王《ていおう》だから」。

質問者Ａ　カンダハール、アーリマン、どちらですか？　両方ですか。

サマンサ・ミーア・ケルドー　「まだ、いるかもしれないからね」。

質問者Ａ　映画「宇宙の法」のザムザは知っていますか？

サマンサ・ミーア・ケルドー　「ハッハッハッハッハ（笑）。よく分かんないねえ、そんなものは」。

●映画「宇宙の法」　2018年公開のアニメ映画「宇宙の法─黎明編─」（製作総指揮・大川隆法）。ザムザは、映画に登場する主要キャラクターの一人で、宇宙最強と称されるゼータ星の女帝レプタリアン。

質問者Ａ　そうですか。

2 ヤイドロンがへびつかい座の宇宙人を追い払《はら》う

ヤイドロンが到着《とうちゃく》して緊急《きんきゅう》対応に入る

質問者Ａ　では、ヤイドロンさんは……。

※以下、「　」内のゴシック体の部分は、大川隆法がリーディングした宇宙人ヤイドロンの言葉である。

大川隆法　ヤイドロンさんの声が聞こえてきた。
ヤイドロンさん、どこにいますか。ヤイドロンさん、ヤイドロンさん、どこにいますか。ヤイドロンさん、ヤイドロンさん、どこにいますか。

ヤイドロン　「ああ、ヤイドロンです。今、緊急《きんきゅう》対応に入っていますので」。

質問者A　本当に申し訳ございません。

ヤイドロン　「ええ。いや、（向こうは）そう長くいられませんから、大丈夫《だいじょうぶ》ですので。今、緊急に招集をかけていますので」。

質問者A　サマンサさんという人だそうです。

ヤイドロン　「いやぁ、ちょっとだけね、〝挨拶《あいさつ》〟に来ているだけですよ。大したことはありませんので」。

質問者A　向こうから様子を見に来たのでしょうか。

ヤイドロン　「うん。だからねえ、(コロナウィルスで)中国の被害《ひがい》が少ないなんていうのは嘘《うそ》ですので」。

質問者A　おかしいですよね。

ヤイドロン　「隠蔽《いんぺい》しているんですよ」。

質問者A　マスコミは、今こそ(中国に)〝疑いの目〟を発動するべきです。

ヤイドロン　「うん。だからねえ、隠蔽するためにねえ、情報操作の洗脳を行《おこな》っているんですよ。こういうものがね、習近平《しゅうきんぺい》と一体になってね、やっているんですよ」。

質問者Ａ　そうなんですか。

ヤイドロン　「侵略《しんりゃく》計画の裏にあるのは、間違《まちが》いなくいるんだと思いますけどね」。

龍《りゅう》型で人間を食べる宇宙人は「〝原始人〟の戦闘《せんとう》要員」

ヤイドロン　「大丈夫です。今は、もう、だいたい警報は行き渡《わた》って、来ていますので。もうすぐ追い返しますので」。

質問者Ａ　はい。申し訳ありません。仕事に次ぐ仕事で……。

ヤイドロン　「だいたいねえ、龍《りゅう》型でねえ、（人間を）食べるとかいうのは、もう〝原始人〟ですから」。

質問者A　確かに、そんなに頭がよさそうな感じはしないですよね（笑）。

ヤイドロン　「だから、駄目《だめ》なんですよ。進化の後《おく》れている人たちなんですよ」。

質問者A　〝原始人〟だ、やっぱり。

ヤイドロン　「だから、戦闘《せんとう》要員なんですよ、単なるね」。

質問者A　なるほど。

ヤイドロン　「私たちは、もう、体の大きさなんか問題ではないので。知能のレベルの差なので」。

質問者A　分かりました。ありがとうございます。

ヤイドロン　「いや、〝挨拶〟に来たんでしょうけどね。バズーカがしばらく来ていないから」。

質問者Ａ　来なくていいですけど。

ヤイドロン　「代わりに来たんだろうとは思いますけど」。

質問者Ａ　中国大使館も近くにありますしね。

ヤイドロン　「まあ、いちおう、たまには来るんだと思いますけどね、大丈夫ですので。もう、われわれが包囲していますので、大丈夫ですから」。

今回の宇宙人は「警告」にだけ来たと思われる

質問者Ａ　いちおう、隆一《りゅういち》君は反応していたのでしょうか。

ヤイドロン　「うん。したんでしょうね」。

質問者Ａ　なるほど。

ヤイドロン　「たぶん。敵だと思ったんじゃないですか」。

質問者Ａ　すぐ呼んでいましたね。

ヤイドロン　「うん、うん。敵だと思って」。

質問者A　「敵だよ」ということですか。

ヤイドロン　「敵だと思って」。

質問者A　なるほど。

ヤイドロン　「R・A・ゴールの敵でもあるんですよ」。

質問者A　なるほど。

ヤイドロン　「うん」。

質問者A　宇宙連合というか、惑星《わくせい》連合全体の敵でもあると。

ヤイドロン　「大丈夫です。そう長くはいられませんので。いちおう警告にだけ来たんでしょう。『負けないぞ』って言いに来たんでしょう」。

質問者A　なるほど、なるほど。分かりました。

ヤイドロンは、三十メートルの船で七千メートルの母船を破壊《はかい》できる

ヤイドロン　「まあ、大きいのがいるのね。でも、母船はみんな大きいから。ここまで下りてこないだけで」。

質問者A　宇宙から見た意図まで発信できているのは、総裁先生のところだけなので、向こうの、敵の宇宙の人も言いに来たということですね。

ヤイドロン　「うん、うん。いやあ、それは、向こうに七千メートルの母船があって、私らが三十メートルの船でも、（向こうを）破壊《はかい》できますので」。

質問者A　おお。なるほど。

ヤイドロン　「あのねえ、レベルが違うので、全然」。

質問者A　分かりました。

ヤイドロン　「心配ないです。巨大《きょだい》なものが乗っているから、大きいのが要《い》るだけなので（笑）」。

質問者A　ああ、なるほど、なるほど。

ヤイドロン　「ええ。〝餌場《えさば》〟と〝運動場〟が必要なんでね」。

習近平《しゅうきんぺい》の霊体《れいたい》は「赤龍《せきりゅう》か何か」と推定される

質問者Ａ　すみません。二十四時間、本当にありがとうございます。

ヤイドロン　「ええ、まあ、大丈夫です。今日はいい仕事でした」。

質問者Ａ　はい。ＨＳＵで。

ヤイドロン　「必ず、よい方向に、すべてを持っていくつもりでいますので。もちろん、われわれは中国に包囲網《ほういもう》をつくっているけど、逆を考える人たちがいても、当たり前ですのでね」。

●HSUで……　本リーディング収録前、HSU（ハッピー・サイエンス・ユニバーシティ）にて、「徳への階段」と題して大川隆法総裁の法話が行われた。

質問者A　それはそうですよね。

ヤイドロン　「もう、宇宙のほうまでつながっているということです。心配はないです。大丈夫です。われわれのほうがレベル的に上なので、大丈夫です。恐竜《きょうりゅう》って、龍《りゅう》みたいなものが這《は》い回ったところで、何ができますか。そんなものが下りてきたって、自衛隊でも対応できますよ」。

質問者A　習近平《しゅうきんぺい》さんと、直接かかわりがあるわけではないんですよね。

ヤイドロン　「ああ、習近平も、霊体《れいたい》を見れば龍神みたいなものですよね」。

質問者A　まあ、そうですよね。

ヤイドロン　「龍でしょうね。おそらくはね」。

質問者Ａ　なるほど。

ヤイドロン　「ええ。赤龍《せきりゅう》か何かでしょうね」。

質問者Ａ　了解です。

ヤイドロン　「いや、〝挨拶〟に来たが、〝バイバイ〟でもあるんですよ」。

質問者Ａ　はい。

ヤイドロン　「（サマンサ・ミーア・ケルドーに対して）さようなら」。

質問者Ａ　さようなら。

ヤイドロン　「さようなら。ここは護《まも》られているので、あなたがたが入ってくることはできません。

ハハハ（笑）。まあ、忙《いそが》しいですね。あっちに行ったり、こっちに行ったり。そう簡単にはいきませんから」。

質問者Ａ　はい。ありがとうございました。

UFOリーディング51

6

中東を待ち受ける政変の予感

―

いて座インクルード星メタトロン

2020年4月20日 収録　幸福の科学 特別説法堂《せっぽうどう》にて

メタトロン

いて座・インクルード星の宇宙人。イエス・キリストの宇宙の魂《たましい》（アモール）の一部。主を護《まも》る最上級の天使（熾天使《してんし》）の一人であり、「光の神」の一人でもある。過去、地球で大きな戦いが起きたときには、地上を平和にするための宇宙的パワーの象徴《しょうちょう》的存在として助力してきた。六千五百年ほど前にメソポタミア地方に生まれたことがある。現在は、大川隆法として下生《げしょう》しているエル・カンターレを支援《しえん》している。

「イランは、これから大変なことが起きる」

大川隆法　（カメラに）映っていますか？

質問者Ａ　はい。

※以下、「　」内のゴシック体の部分は、大川隆法がリーディングした宇宙人メタトロンの言葉である。

大川隆法　たぶん、メタトロンさんだと思うけれども。インクルード星、メタトロンさんですよね？

「はい、そうだ」と。

ちょっと質問をしてもいいですか？

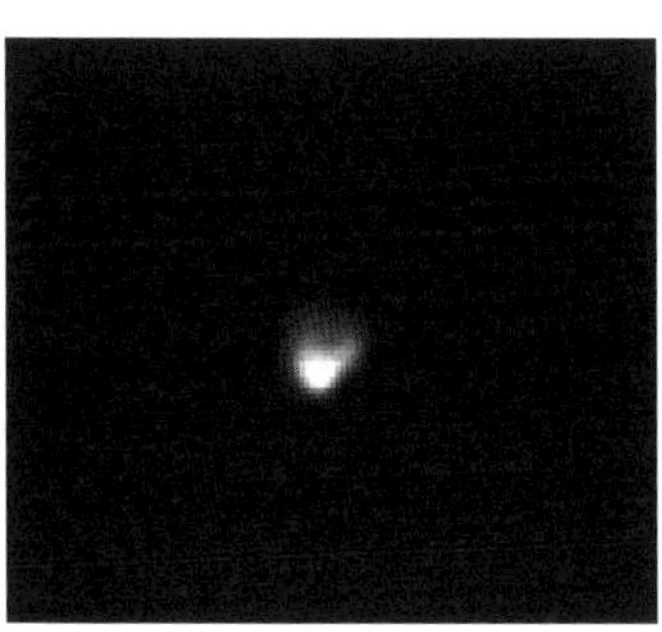

2020年4月20日、東京都上空に現れたUFOの画像。

メタトロンさん、大川隆法です。こちらは大川隆法です。
あなたは、イランに関係はあると思うのですけれども。●昔、出ていると思うのですが、（イランについて）どう思いますか？

（約五秒間の沈黙《ちんもく》）「イランは、これから大変なことが起きる」と言っている。
大変なこととは、どういうことですか？
「うーん……。やはり、小規模だが、戦争にはなると思う。小規模戦争が起きると思う」と言っている。

質問者Ａ　イラン国内でですか？

メタトロン　「そうですね。国内の内戦と外国からのと、両方来ると思うので。やはり、政権転覆《てんぷく》に向けての動きがあると思います。政権転覆の動きがあるので、ま

●昔、出ている……　幸福の科学のUFOリーディングにより、メタトロンは、約6500年前に地球のメソポタミア地方（イラン、イラクのあたり）に生まれていたことが明らかになっている。『メタトロンの霊言』（幸福の科学出版刊）等参照。

あ、あなたがたを知っている人たちであるから、気の毒だとは思うけど……」。

質問者Ａ　ああ……（息を呑《の》む）。

メタトロン　「ただ、今は、幸福の科学の総裁が、直接向こうとやり取りしないほうがいいと、私は思っています。

これも、もう、年内、越《こ》えられないかもしれません。政権転覆、暗殺、クーデター、こんなようなものも考えられるし、戦争も起きると思うので、そのなかで、そういうことが行われると思っています」。

質問者Ａ　国内の不満も、けっこう高まっているということですね。

メタトロン　「もう、もたないですね」。

質問者A　なるほど。

メタトロン　「イラン大使も、亡命しなければ危ないぐらい。母国に帰れないかもしれません」。

質問者A　はあ……。

メタトロン　「今の政権が倒《たお》されたらね、帰れない可能性があります。帰ると、首を取られる恐《おそ》れがあるので。

近いと思います。内部的な力でいくか、外国勢力が入るか、まあ、ちょっと、そのへんは分かりませんけれども。とりあえず、年内、危ないと思います」。

イランの人たちが本当に幸福になるためには

メタトロン　「あなたがたの知り合いであるので申し訳ないと思うが、今、助けてあげることができませんね。

でも、やっぱり生活をよくしたいんで、みんなね。だから、この政権では、反米では、もたないんじゃないかと、みんな思っているわけです、国民のほうはね。

だから、本当はあなたがたの考えとは逆で、中国のほうが覇権《はけん》を握《にぎ》って、イランを助けたり、ロシアと一体になったりして、アメリカを衰退《すいたい》させ、撃滅《げきめつ》してくれれば、彼らにとってはプラスであるので、これを選ばなければいけないと思うんです」。

質問者Ａ　なるほど。

メタトロン　「だけども、アメリカが勝ったほうが、イランの人たちは本当は幸福になるので。

そういう意味では、残念だけれども、今、支援金《しえんきん》を送ったり、幸福の科学のメッセージを送ったり、アメリカに過激なことをしないように言っても、たぶん、もう、それは、苦しみを長く引っ張るだけになるんじゃないかなと思います。

だから、せめてもの気持ちで、『彼らが悪人でなかった』ということを告げてあげたことだけでも、私は救いだとは思います。マスク一万五千枚を送っただけでも、ささやかですけど、まあ、気持ちです。それ以上、深いところまでは、今のところ行けなくて、しかたありません。

トランプさんは動きを起こすと思うし、内部もたぶん戦争が、まあ、バグダッド、イエメン、サウジやその他の周辺国と絡《から》めて、起きると思います。革命も起きると思います。残念だけど、やっぱり、これに全部巻き込《こ》まれるわけにはいかないと思っています。

アッラーの神も、おそらくは、彼らがよりよくなることを望んでいるはずだと思いますから。

申し訳ないけれども、『このくらいまでかな』というのが考えで、トランプさんは、まもなく見切りをつけるので……」。

質問者Ａ　コロナ問題にですか？

メタトロン　「中国」。

質問者Ａ　中国に。

メタトロン　「中国と、それから、イランにも、ついでに〝やってしまう〟可能性もあるので。いやあ、選挙が近いですからね。もう、そろそろ……。このままでは敗北する可能性もありますから、やると思います」。

アメリカがグアムの戦略爆撃機《ばくげきき》を本土に返した理由

メタトロン　「中国に対しては、あんな、中国だけ八万人で、アメリカが七十万も感染者《かんせんしゃ》を出しているなんて（収録時点）、ふざけるんじゃないっていうものですよね」。

質問者A　本当に、人口十万人当たりの感染者数というか、死亡者数が、（中国とは）圧倒的《あっとう》に違《ちが》うんですよね。

メタトロン　「死亡者数が、アメリカが十倍って、そんなの、もう、『ひざまずいて謝《あやま》れ』というね？　『遺族に全部、慰謝料《いしゃりょう》を払《はら》え』という、そういう気持ちですよね。『そうしないなら、ぶっ潰《つぶ》す』という。

そのへん、もうメタメタに……。彼らの戦略基地と、そういう細菌《さいきん》基地、研究所、全部知っていますから。全部、叩《たた》き潰すぐらいまでやると思います。まあ、一日です。

グアムから戦略爆撃機《ばくげきき》をアメリカ国内に引きました、アメリカは。それは逃《に》げたんじゃなくて、向こうからの反撃がグアムまで来ると見ているからです。グアムの基地に置いておくと、グアムにミサイルを撃《う》ってくる。だけど、アメリカ本土は攻《こう》撃《げき》できないと見ているので、グアムの戦略爆撃機を、B52をアメリカ本土に、今、返しました。これは、被害《ひがい》を受けたくないからです」。

質問者A　「撤退《てったい》ではない」ということですね。

メタトロン　「撤退じゃないです。要するに、ミサイルで一斉《いっせい》攻撃をやる気でいるから。向こうが絶対グアムには撃ってくるのは、分かっているから。（値段が）高いからね（笑）、戦略爆撃機は。だから、本土に返して。

中国が本土に向かってミサイルを撃っても、全部撃ち落とせるので。自信を持っているから。だから、返しているんですよね」。

質問者A　なるほど。では、アメリカの調査も進んではいるということですか。

メタトロン　「ああ、いやあ、それは追い込んでいますよ、もうほとんど。だから、向こうがオッケーしてから攻撃するなんてことは、ありえないことですね」。

質問者A　絶対、否定しますものね、「武漢《ぶかん》から出たのではないか」と言っても。

メタトロン　「そうそう。それと、北朝鮮《きたちょうせん》とか、あと、周りのところですね、イラン や韓国《かんこく》や、そのへんの周辺がどうなるか。これは勢いで分からないところは、まだありますね」。

イラン情勢は「もう、日本人が介入《かいにゅう》できる範囲《はんい》ではない」

メタトロン　「メタトロンとしての意見としては、これについては、残念だけど、イラン大使の昼食会や晩餐会《ばんさんかい》ぐらいで担保《たんぽ》に取られるわけには、やっぱりいかないと思います」。

質問者A　価値観の選択《せんたく》として、もう少しアメリカ的な価値観をいろいろ取り入れなければいけないいけれども、反米感情のほうが先に立ちすぎて、そこまで踏《ふ》み切れていないところが、やはり、イランの苦しみになっているということですかね。

メタトロン　「まあ、第二次大戦の日本の敗戦みたいなものになるのではないでしょうか。〝王政復古、敗れたり〟に、たぶんなると思います。

結局、パーレビのほうが、イランを改革して前進させようとしていましたからね。

それが急進的すぎたので反動を起こしたけど、もたなくなってきているので、三代ぐらいで終わろうとしているんでしょう？　これはもう、日本人が介入《かいにゅう》できる範囲《はんい》ではないですね。

日本政府が二十五億円ぐらいの援助をして、ヨーロッパが五億円ぐらい援助して、幸福の科学がマスク一万五千枚ぐらい援助して。まあ、ささやかすぎるけれども。だけど、その大使自体が、もう次、所在が分からなくなる可能性があるぐらいです」。

質問者A　日本も、明治維新《いしん》とかいろいろありましたけれども、結局、敵にも味方にも光の天使がたくさん出ていましたから、イランもそういう感じなのでしょうか。

メタトロン　「そうだねえ。これについては、もう、ちょっと介入できないかな。いやあ、中東も、やっぱり、何とかしなければいけないんですよ。

だけど、イランは、そういうふうになるかもしれないけれども、まあ、イスラエルとの戦争も困ることは困るので。やっぱり、どうしてもね。まあ、何とか平和にしたいとは思っているので。まあ、シリアにだいぶ介入していますからね、今ね、イランから」。

質問者Ａ　でも、イスラエルも、ネタニヤフ首相の汚職《おしょく》とか……。

メタトロン「イスラエルはネタニヤフをどうするか、また別途《べっと》、考えているところですが、今のところ、まだ、裁判されながらやり続けているので」。

「基本的には、トス神の考えを入れなければ助けられない」

メタトロン「まあ……、しかたないですね。（アメリカ）大統領選の行方《ゆくえ》ともかかわってくることなんです、これは」。

質問者A　うーん……。

メタトロン　「まあ、ちょっと、今のあなたがたの立場では、これを解くのは難しいです」。

質問者A　そうですね。力になってあげられないところがありますね。

メタトロン　「残念だけど、力になれないです。（イランは）コロナでいっぱいだし、そして、食料難のインフレです。もうどうしようもないです。
　これは、日本の国を挙げて……。まあ、もし一国だけならできますが、ほかの国も同じように苦しんでいる状態のなかではできない。もう世界中ですから、これはできないですよ。医療《いりょう》援助だって、規模がもう違いますので。一国ならできます。ただ、世界中なら、もう無理です。これはもう、過ぎ去るのを待つしかないので。まあ、彼らの宗教も、もう旧《ふる》いんですよ。いやあ、救済したら、『やっぱり、まだ救済力がある』と思われてしまうので、できないところも大事かなとは思っているんですよ。

そんな、『幸福の科学も、ちょっと来てもいい』とかいうのではなくてね、本格的に幸福の科学の（教え）を入れて、西洋化しながら、イスラム教の大事なところは護《まも》るというぐらいなら、まあ、分かりますけどね」。

質問者A　はい。

メタトロン　「基本的には、トス神の考えを入れないようだと、まあ、無理です。助けられないので。

でも、受け入れないでしょう。だから、まあ、無駄《むだ》なことはしないことも、一つの判断なので。そういうときは、何もしないのも〝考え方〟です」。

質問者A　分かりました。

●トス神の考えを……　2020年4月11日に収録された「トス神の霊言」では、イランの制裁解除には、中東地域の戦闘拡大に加担しないことを表明する何らかの「平和宣言」や、「自由の価値観」や「人権思想」を高めるといった民主化への取り組みが必要であると語られた。

メタトロン　「残念ですね。だけど、できないですよ。一億円とか五億円とか取られても、あと、会員さんを助けるお金も要《い》りますからね、これから」。

質問者Ａ　一億円や五億円では国は救えないですしね。もっとたくさん要りますよね。

メタトロン　「救えない、救えないよ。〝国家丸ごと〟だから、もう救えません。欲《ほ》しいのは、七千五百億円とか一兆円とか、そんな額だから。それは無理です。だけど、それをやるんだったら、もうちょっと全体的なところ？　だから、ＥＵやアメリカとの関係を根本的に改善するか、あるいは、本当に中国とがっぷり組んで、中国にもらうか、どちらかぐらいしかないけれども、いずれにしても、〝亡国の危機〟ですね」。

「コロナウィルスは、全世界に同時に〝試《ため》し〟を起こしている」

質問者A　メタトロンさんからは、コロナウィルスに関連して、何かメッセージはございますか。

メタトロン　「ああー……（息を大きく吐《は》く）。コロナは、全世界に同時に、何て言いますか、〝試《ため》し〟を起こしているとは思うんですよ。『その国がどういう国であるか』ということを、今、コロナウィルスが〝試している〟と思うんですね。それで、それ相応の反作用は返ってくる。

日本は、安倍《あべ》さんが目指していた、『もっと休め、休め。観光して遊んで、消費して、そして、夜遊びして』……」。

質問者A　カジノをやって。

メタトロン　「あと『カジノを入れて』というような未来が潰されましたね、完全にね」。

質問者A　逆に、みんな「仕事があることのありがたみ」を感じますよね。

メタトロン　「そうそう。だから、これは、ややちょっと、本当に〝おしん返り〟ですね、ええ。努力して働くことを学ばなければいけないし、休みすぎてはいけないことを……。『休みはもう結構です』という、こういうのが出るから、反対になるでしょうね、たぶんね。そのへんの流れは知っておいたほうがいい。これは、最後は〝自腹〟を切らされるでしょうし。

まあ、小池《こいけ》さんもいい格好はしているけれども、でも、終わりは近いと思います。だから、次の時代を設計しなくてはいけませんね。

まあ、私の意見はそんなところです」。

質問者Ａ　はい、ありがとうございました。

大川隆法　よろしいですか。

質問者Ａ　はい。では、切ります。

UFOリーディング51

7

コロナウィルス対策の指針を語る

―

エルダー星ヤイドロン

2020年4月20日 収録　幸福の科学 特別説法堂《せっぽうどう》にて

「コロナ対策」から「経済対策」のほうにウエイトが移っていく

※以下、「　」内のゴシック体の部分は、大川隆法がリーディングした宇宙人ヤイドロンの言葉である。

ヤイドロン　「ああ、ヤイドロンです。主たる目的は、今日は警備です」。

質問者A　ありがとうございます。

ヤイドロン　「東京の空は、もう、ちょっと飛行機が多すぎて、あんまり長くいられないんです。長くは姿を出せませんので。もう、あっちもこっちも飛びまくっ

2020年4月20日、東京都上空に現れたUFOの画像。

ていますね。オリンピックをしないのに、なんでこんなに飛ぶんだ」。

質問者A　うーん、最近は、テレビカメラが上から街の様子を撮《と》ったりしています。

ヤイドロン　「ああ、なるほど。そういうこともあるんですか。

まあ、警備で見ていますけれども。そうですねえ、まあ……、『コロナ対策』から、だんだん次は『経済対策』のほうにウエイトが移っていきそうな感じですね。

この行き詰《づ》まりですね、をどう打開するかということですね。

ちょっと、あなたがたも、多くの被害者《ひがいしゃ》を出すことを予想で出してしまったので、そうだと、今の緊急《きんきゅう》態勢が続くことになってしまうからね」。

質問者A　うーん。

ヤイドロン　「でも、何て言うか、リスク承知で働かなければ救えないと思いますよ。そんな、『みんなが仕事を休んで国が援助《えんじょ》する』なんて、そんなの無理ですよ。できないですよ。それこそ、宇宙人からの宇宙戦争じゃないんですから。こういうのは隠《かく》れられません。

やっぱり、働くべきです。みんなで街に出て散歩しようなんて、そんなのだけでは駄目《だめ》でしょう。やっぱり、働いたほうがいいと思います。感染《かんせん》しても、今のところ、死亡率はインフルエンザと変わらないとも言われているので。まあ、これから悪化する可能性もありますけどね。

本当に、連休が終わったら、もうそろそろ解除しないとよくないと思いますよ。ある程度、諦《あきら》めたらどうですか。欧米《おうべい》があそこまで行《い》っているのを見たら、ある程度まで行くでしょうから。

だけど、仕事をしないと、本当にみんな死んじゃいますよ、本当に。三カ月以上、この状態を続けたら、国のほうは補償《ほしょう》できなくなりますよ。だから、平常モードに変えたほうが、私はいいと思う。『働ける人は働いてください』ということで、人の目とかね、そういうものばかり意識してはいけないですね」。

質問者Ａ　コロナウィルスが治って復帰した人でも、その後、二週間以上経過していて何もないのだけれども、「もう怖《こわ》くて、外に出られない」と言っている人もいました。

ヤイドロン　「『持っているかもしれない』と思うんでしょう？　保菌者《ほきんしゃ》で」。

質問者Ａ　そう思われますからね。

ヤイドロン　「『免疫《めんえき》があるとは限らない』という考えなんでしょうけどね。でも、もう、ある程度、諦めたほうがいいと思いますよ。まあ、本当に、そんなに大勢行くかどうかは、これから分かりませんけどね。

アメリカだって、（ロックダウンは）そんなに長くはもたないですよ。国民が〝発狂《はっきょう》〟し始めているから。まあ、しかたがないんじゃないですか。リスクのある仕事は、いつの時代もありますからね。

本当は、用心《ようじん》すべきは、例えば満員電車とかぐらいですので、ちょっと時差出勤、時差退社するとか、そんなことぐらいだし。多少、距離《きょり》を取って飲食するとか、会議するぐらいのことはしてもいいけど、仕事は戻《もど》したほうがいいと思いますよ。しないと、もう壊《こわ》れますよ、日本もね。終わりになっちゃうから。私はそう思いますけどね」。

コロナ禍《か》でも海洋進出をしている中国は、読みが甘《あま》い？

ヤイドロン「まあ……（息を吐《は》く）、中国も大変な国だねえ。こんなときにも海洋進出で、もう火事場泥棒《どろぼう》でね、アジアの海を取ってしまおうとしているぐらいですからね」。

質問者A「『今がチャンス』と思っているかもしれません。

ヤイドロン　「すごいですね」。

質問者Ａ　各国の注意が、みんなコロナに行っていますからね。

ヤイドロン　「だけど、たぶん、読みは甘《あま》いと思いますね。アメリカが、もう、国内問題で手一杯《ていっぱい》だと思って、『チャンス』と見ているんだろう。それはねえ、原因行為《こうい》をつくったところとしては許されないことなので。

そのへんが、まだ、彼らは善悪の基準がないんですよ。善悪・正邪《せいじゃ》の基準がないので」。

質問者Ａ　それは、やはり、神を信じていないからですよね。

ヤイドロン　「そうですね」。

質問者A　でも、今の世の中では、この価値観、その正論は、先進国でもなかなか通じないですね。

ヤイドロン「いやあ、地球の考え方を正常に戻すのが、あなたがたの仕事ですので、基本的にね。戦うのは仕事ではありませんけどね。言論を正すことが仕事ですので」。

「個人商店や小さな企業《きぎょう》は、政府の対策を待っていたら潰《つぶ》れる」

ヤイドロン「まあ、このコロナショックを、ちょっと小さくしていく必要はありますね。もう、諸行無常《しょぎょうむじょう》の教えでいくしかないですね。ただ、やっぱり、この世では生きていかなければいけないんじゃないでしょうか。まあ、そう思いますがね。

でも、幸福の科学は平常どおりやっていますので、そういう戒厳令《かいげんれい》みたいなのをあんまり敷《し》かせないようにしないといけませんね、これ以上」。

質問者Ａ　ただ、全体主義に向かいつつあるので。

ヤイドロン　「ああ、好きだからね。安倍《あべ》さんが好きだから、やりたい」。

質問者Ａ　「今こそ強行を」ということで、いろんな中止命令とかを……。

ヤイドロン　「ええ、首相で、行政だけでいろんなものを全部、人の流れから何からね、生活とかを統制できるのが大好きなのでね」。

質問者Ａ　業務停止命令なども出せるかもしれません。

ヤイドロン　「民間を完全に下に置きたいんでしょうけど。でも、崩壊《ほうかい》するでしょう、おそらくね」。

質問者Ａ　民間は、そうは言っても生きていけませんもんね。

ヤイドロン「生きていけませんよ」。

質問者Ａ　コロナで死ぬか、飢《う》えで死ぬかと。

ヤイドロン「うん。それは無理です。だから、個人商店とか企業《きぎょう》とか、小さいところは、もう、政府の対策なんか待っていたら、みんな潰《つぶ》れていきます。そろそろ脱出《だっしゅつ》しなければいけないころですね」。

「今年は〝御一新《ごいっしん》〟で、世界の立て直しが必要」

質問者Ａ　イランについては、メタトロンさん●のお考えと近いですか？

ヤイドロン　「ああ……。うーん、まあ、八万人ぐらい、もう感染者がいるのでね、あそこもね。何千人も死んでね（収録時点）。そして、さらに生活難がすごい。報道されないけどね、すごい生活難でしょ。

おそらく、民主主義国家なら政権交代しなければいけないころですからね。

あと、報道も自由ではないのも、そのとおりですからね」。

質問者Ａ　日本も、「報道の自由」と言っても……。まあ、イランほどではありませんけれども。

●メタトロンさんのお考え……　本リーディング収録の同日直前に、メタトロンのUFOリーディングが行われた。本書第６節参照。

ヤイドロン　「同じですわね。

まあ……、少しは助けてやったんじゃないですかね。あと、やることが……。

でも、上の人たちが経済の原理を知らないから、無理です」。

質問者A　なるほど。

ヤイドロン　「うーん。助けられないですね。商売人ではないから、いろいろなところと交渉《こうしょう》したりもできないし」。

質問者A　宗教の人たちは経済が分からない、という人も多い一方で、反対に、「宗教は金儲《かねもう》け」という論点を使っているマスコミは、今、多いですけれどもね。

ヤイドロン　「いや、でも、イスラム教も、宗教は金儲けしてはいけないことになっているんですよ」。

質問者A　なるほど。

ヤイドロン　「だから、あっちも一緒《いっしょ》なんです」。

質問者A　虚《むな》しいですね。そういう観点でしか判断できない。

ヤイドロン　「いや、もう、旧《ふる》いんでねえ。本当に」。

質問者A　「尊さ」が、目に見えるものと目に見えないものとで分からなくなる。

ヤイドロン　「まあ、旧いんですよ。もうね。だから、まあ、しかたないね。

もう、世界は、今年は〝御一新《ごいっしん》〟ですね。だいぶ価値観が乱れながら、立て直しが必要だと思いますよ。

中国とロシアが活発に動くなか、アメリカが倒《たお》れるか、ヨーロッパが立ち上がってくるか、何が起きるか、日本はどうするか、みんなが見合っている感じですかね」。

「唯物論《ゆいぶつろん》の国になっていくのなら、繁栄《はんえい》はさせない」ということ

ヤイドロン　「まあ、とにかく、東京オリンピックが潰れて、パラリンピックが潰れて、たぶん、日本としては、残念ながら、安倍さんの構想は壊れたということで、もう、このあとはないですね」。

質問者A　みなさん、オリンピックは、来年やるつもりでいらっしゃると思いますよ。

ヤイドロン　「もう、誰《だれ》がやるんでしょうかね。まあ、分かりませんがね。

　まあ、オリンピックっていうのは、平常時にやるものですので。ええ。こんな世界的な危機のなかでやるものではありませんから。暇《ひま》なときにスポーツをやっていればよろしいので。それで経済を支えようなんていうのは、考えとしては、ちょっとどうなのかなという気はしますね」。

質問者Ａ　確かに。そうですね。

ヤイドロン　「うん。残念だけど、『東京オリンピックの、前回のを再び』ということなんでしょうけど、そうはならないですね。残念でしたね。

　だから、日本は、根本的な考え方を変えないと駄目で、ちょっと、やっぱり、罰《ばつ》は下りてるんですよ。神罰自体は。『唯物論《ゆいぶつろん》の国になっていくのなら、繁栄《はんえい》はさせない』というのは起きているので」。

質問者Ａ　まあ、何かを言っても、また、「幸福実現党が政権を取りたいから言っている」とか、そんなふうにしか、今の段階ではおそらく思われないので、もう言っても無駄といいますか……。

ヤイドロン　「そうですねえ。そういう『邪教性《じゃきょう》』を言うのと、『大統領になりたがっている』みたいなところは、何度も一緒に言ってくるからね、いつもね。

まあ、しょうがないですね。だから、この国もイランと同じだね、その意味ではね」。

質問者Ａ　そんなに人の悪を暴《あば》きたいなら、もうちょっと、中国や北朝鮮《きたちょうせん》の悪について言えばいいのにと思いますよね。

ヤイドロン　「最後は、自分たちのお互《たが》いの悪を暴き合って壊滅《かいめつ》していくしかないですね。まあ、そうは言っても、統制下に置かれて、みんな同じことばかり報道しているんですから、基本的にはね。自主性はないですね」。

質問者A　そうですね。

ヤイドロン　「まあ、われわれはね、いくら言ったって、こんなものは報道のうちに入らないので、ええ。彼らは、理解はしないでしょうから。まあ、もうちょっと、霊的《れいてき》な時代が来ることを望んでいます」。

質問者A　本当に、今日もありがとうございます。すみません。

ヤイドロン　「はい。あなたがたが元気で仕事を続けてくださることを祈《いの》っています。あまり一時的なことで感情をぶらせて、変なことをしすぎないで、ちゃんと長く続けることが大事なことだと思っています」。

質問者A　はい。ありがとうございました。

ヤイドロン　「はい」。

UFOリーディング53

8

地球防衛隊への志願者の紹介《しょうかい》

―

火星イントール

2020年4月30日 収録　幸福の科学 特別説法堂《せっぽうどう》にて

リエント・アール・クラウド王が「防衛隊の志願者」を紹介《しょうかい》する

大川隆法　映りましたか?

質問者A　はい。

※以下、「　」内のゴシック体の部分は、大川隆法がリーディングしたリエント・アール・クラウド●の言葉である。

大川隆法　はい。今、映っている〝星〟は、これは星ではなくて、何か意志を持っているように見えるのですけれども、これについて分かりましょうか。

リエント・アール・クラウドが、先ほど紹介《しょうかい》しようとしてくれたのですが……。

●リエント・アール・クラウド　地球神エル・カンターレの分身の一人。約7000年前に古代インカの王として生まれた。現在、天上界において、宇宙と交流する部門の責任者をしており、「宇宙人リーディング」等で指導霊を行うことが多い。『太陽の法』(幸福の科学出版刊)等参照。

リエント・アール・クラウド 「ああ、リエント・アール・クラウドです」。

質問者A ありがとうございます。

リエント・アール・クラウド 「ええ、紹介します」。

質問者A はい。

大川隆法 「これは火星から来た者なのです。火星から来た者で、今回、防衛隊に志願してきた方なのです」と言っていますね。

質問者A へええー。

大川隆法 （リエント・アール・クラウドに）直接、話してもいいですか？ それ

2020年4月30日、東京都上空に現れたUFOの画像。

とも、もう少し紹介されますか。どうしますか。

リエント・アール・クラウド「ええとですね、まだ十分に慣れてはいないので。今日、着任したところなのです、この人。今日、着任したところで、ヤイドロンさんたちの傘下《さんか》に入ることになりまして。すみません。こちらでも、こういう配属とかがあることがあって、挨拶《あいさつ》に……（笑）」。

質問者Ａ（笑）お話を聞いていますと……、今、警備してくださっているじゃないですか。

リエント・アール・クラウド「そう。そうです。そう」。

質問者Ａ　リエント・アール・クラウド王が許可してくださっているということですか。

リエント・アール・クラウド　「うん、まあね、いちおう報告は……」。

質問者Ａ　受けている？

リエント・アール・クラウド　「受けています。はい」。

質問者Ａ　ヤイドロンさんとか、メタトロンさんとか……。

リエント・アール・クラウド　「やはり、二十四時間はきついのでね」。

質問者Ａ　きついですよね。

リエント・アール・クラウド　「ちょっと、応援《おうえん》は呼んでいるんですよ」。

質問者A　なるほど。

リエント・アール・クラウド　「警備は、ちょっと今、強化しているので」。

質問者A　ありがとうございます。

火星基地から来た志願者イントールの特徴《とくちょう》を語る

リエント・アール・クラウド　「来ている方は、火星から来られた……、火星基地から来ている方で、名前は……」。

大川隆法　ええ……、難しいな、発音が。イン……、イン……、イン、イントール？　イントール？　イントール？

リエント・アール・クラウド　「イントールさん。イントールさんという名前の方なんですが、特徴《とくちょう》は、頭が〝タマネギが開《ひら》いたような頭〟になっているのが、すごく特徴的です」。

質問者A　ちょっと待ってください。「タマネギが開いた」？

リエント・アール・クラウド　「うん。だから、こういうふうに、ピーッと上がっている、そんな感じ」。

質問者A　あっ、はい、はい、はい。タマネギの一枚一枚が、パーッと開いている感じ？

リエント・アール・クラウド　「あれが、パッと全部開いたような感じになっているのが特徴で、頭が少し大きめなんですが、いちおう、下は五体《ごたい》（体全体）はあるので、これ、昔は、この姿なら河童《かっぱ》と間違《まちが》われたでしょう、おそらく」。

質問者Ａ　あぁー。

リエント・アール・クラウド　「だから、タマネギが開いて、頂点の頭のてっぺんのところは、わりあい平たく、丸いので（笑）、河童と間違われたような方ではないでしょうか」。

質問者Ａ　男性とか、女性とかはあるんですか。

リエント・アール・クラウド　「うーん……、中性ですね、この感じは。はっきり分からない」。

質問者Ａ　火星が出身星？　それとも、火星に中継《ちゅうけい》基地があって来たのですか。

リエント・アール・クラウド　「いや、『火星人』とずばり言うほどではない。火星基地に、かなりいることはいるので、そこから派遣《はけん》されて来た方で。特徴は、ええ……、特徴はですねえ、うーん……、何か、レーダー機能みたいなものを、すごく持っておられる方らしいですね」。

質問者Ａ　ふうーん。

リエント・アール・クラウド　「ええ。すごく遠隔《えんかく》のものまでキャッチするので、接近してくる前に、事前にキャッチする能力が高くて、それで呼ばれているんです」。

六メートルぐらいの一人乗りのUFOで、フラフラと横揺《よこゆ》れしている

リエント・アール・クラウド　「今、ちょっと、これ、下に下がっていっているんですよ」。

質問者A　あっ、でも、このUFOの動き方は面白《おもしろ》いですね。

リエント・アール・クラウド　「今、下がっています」。

質問者A　下がるだけではなくて、ちょっと横に動いたりとか、フラフラしています。

リエント・アール・クラウド　「ええ、ちょっと動いています。ただ、今はねえ、

これ一人乗りなんですよ」。

質問者A　あっ、一人乗りなんですか。

リエント・アール・クラウド　「だから、小さいんです、UFOとしては、かなり。一人乗りなので。

今日は、ちょっと着任したところなので……」。

質問者A　まだ直接、通信をするのは……。

リエント・アール・クラウド　「まだ、練習、これから練習を、いろいろするところなので。もう、本人は、名前が難しいから、『〝火星の河童《かっぱ》〟と呼んでください』と言っている」。

質問者A　と言っているんですね？

リエント・アール・クラウド　「うん。『〝火星の河童〟と呼んでください』と。『たぶん、昔の日本人が見たら、そう間違うはずです』と言っていますね」。

質問者A　フラフラしています。

リエント・アール・クラウド　「うん。動いていますね、フラフラ」。

質問者A　どういうご縁《えん》で志願してくださったんでしょう？

リエント・アール・クラウド　「うーん、まあ、研修生ですよね、一種の。研修生としては、いろんなところから受け入れているので。やっぱり、志願制なので」。

質問者Ａ　志願して、何か審査《しんさ》があるんですか。

リエント・アール・クラウド　「うん。ありますよ。だから、何か、売り込《こ》みの材料？　『自分はこういうものが得意だ』とか、そういうものは必要ですよね」。

質問者Ａ　（空を見て）これ、すごくフラフラしています。本当にフラフラしています。

リエント・アール・クラウド　「そう、そう。今、すごく下がってきた。今、下がってきて、木に、もうすぐ引っ掛《か》かってしまうかもしれませんが……」。

質問者Ａ　何かフラフラ、横に、横揺《よこゆ》れしています。

リエント・アール・クラウド　「そう、そう、動きが。一人乗りなので、ちょっと安定度が悪いんです。

今、光をちょっと放ちましたね。大きさは、たぶん、これはもう本当に、六メートルぐらいのものだと思いますよ」。

質問者A　なるほど。

敵を未然に察知するレーダー機能が高い〝火星の河童《かっぱ》〟

質問者A　リエント・アール・クラウド王様まで出てきてくださって、ありがとうございました。

リエント・アール・クラウド　「たまたま、ちょっと、それ、報告を受けていたので」。

質問者A　あっ、そうですか。

リエント・アール・クラウド　「うん。『きっと、もうすぐ見るよ』と言っていたんですよ。『(今、鑑賞《かんしょう》している)映画が終わったら、もうすぐ出てきて見ると思うから』と言って。『挨拶を』ということで」。

質問者A　なるほど。

リエント・アール・クラウド　「『〝火星の河童《かっぱ》〟さんと言ってください』と言っている。『名前が難しいですから』と」。

質問者A　では、志願して来てくださって、ありがとうございます。

リエント・アール・クラウド　「はい。レーダー機能が高くて、敵が接近する前に……」。

質問者A　察知するんですね？

大川隆法　「未然に察知する能力が非常に高い。そういう機能なので。みんなが二十四時間はできないので。そういうのが、チョッチョッと要《い》るんです」ということですね。

質問者A　分かりました。

大川隆法　「こういう月の夜は、意外に盲点《もうてん》があるので、油断するんです。明るいから、みんな出にくい。意外に出にくいんです」と、そういうことを言っていますね。「だから、小さいのでないと出られないんです。大きいのが出にくいんです」と。

質問者A　ありがとうございます。

「この十年は危険な時期であり、価値観がガラッと変わる時期」

リエント・アール・クラウド　「明日《あした》は、ローマ法王の（守護霊霊言《しゅごれいれいげん》の著者校正）をやるんですね？」

質問者A　はい。

大川隆法　「あなたがたの仕事はね、確実に評価されて、いろんな人に参考にされていますから、どうかね、自信を持ってください。宇宙人の存在も、今、認められつつあるから、同時にね。期待しています」というようなことを言っています。

●ローマ法王の……　『ローマ教皇フランシスコ守護霊の霊言』（幸福の科学出版刊）参照。

質問者A　リエント・アール・クラウド様と、こんなかたちでお話をするのは、めったにない機会だと思うのですけれども、最近、宇宙の方も、たくさん通信を送ってくださっていまして、「地球の文明が危なくなったとき、宇宙からの介入もできる」と言われているのですけれども……。

リエント・アール・クラウド　「そうです。そうなんです」。

質問者A　そんな時期に差し掛かっているのも事実ということですか。

リエント・アール・クラウド　「そうです。この十年ぐらいは、たいへん危険な時期ではあるし、たいへん、また、価値観がガラッと変わってくる時期です。だから、もうちょっと『宇宙の法』をオープンにできるのを、私は楽しみにしています」。

質問者A　分かりました。

リエント・アール・クラウド　「今日は、引き継《っ》ぎがちょっとあったので、ワンショットです。大したあれではありませんけれども、警備の方ですね」。

質問者A　かすかに映っています。

リエント・アール・クラウド　「はい」。

質問者A　ありがとうございます。

リエント・アール・クラウド　「もう消えるでしょう」。

質問者A　はい。ありがとうございました。

UFOリーディング54

9

人類のイノベーションと豊穣《ほうじょう》に関係する宇宙人

―

さそり座イマンガー

2020年5月7日 収録　幸福の科学 特別説法堂《せっぽうどう》にて

通称《つうしょう》「ネアンデルタール」と呼ばれる猿《さる》型宇宙人

質問者Ａ　（カメラの画面に）入りました。

大川隆法　入りましたか？　映りましたか？

質問者Ａ　はい。映りました。

※以下、「　」内のゴシック体の部分は、大川隆法がリーディングした宇宙人の言葉である。

大川隆法　今日は連休明けです。二〇二〇年五月七日、連休明け、上空、ほぼ真上から見下ろしているオレン

2020年5月7日、東京都上空に現れたUFOの画像。

ジ色の光があります。ちょっと、ほかのよりは強めで、意志を感じます。話ができましょうか。話ができましょうか。

（約五秒間の沈黙《ちんもく》）

「通称《つうしょう》、ネアンデルタール」と。これが通称なんだそうです。

質問者Ａ　（笑）

大川隆法　（笑）古いということかな。ネアンデルタールは、旧石器時代かな。「通称、ネアンデルタールと呼ばれている者です」と言っている。

質問者Ａ　何星から来られたのでしょうか。

大川隆法　「形は、だから猿《さる》型です、私たちは。猿型です」と言っている。「猿型宇宙人です」と。

質問者A　あそこの星ではなくて？

大川隆法　うん？

質問者A　ええと、何でしたっけ、あの星。お猿さんがいる所。

大川隆法　お猿さんがいる星？　あったような気もしますが。

質問者A　●ケンタウルス星です。

大川隆法　ああ、ケンタウルスか。ケンタウルスから来た人ですか。ケンタウルスですか。ケンタウルスα《アルファ》とか、β《ベータ》とかありましたね。

●ケンタウルス星　ケンタウルス座の星のこと。過去の宇宙人リーディングで、α星、β星、θ《シータ》星等に文明があることが確認され、さまざまな種族の宇宙人がいるとされる。科学技術が発達している「知能の星」。『UFOリーディングⅡ』（幸福の科学出版刊）等参照。

質問者Ａ　はい。

大川隆法　ケンタウルスから来た方ですか。

（約五秒間の沈黙）

「ケンタウルスじゃない」と言っているね。「ケンタウルスじゃないが……」。

質問者Ａ　どのへんから……。

大川隆法　何か、さそり座のほうから来たようなことを言っていますね。「さそり座から来た……」。

質問者Ａ　さそり座？

大川隆法　「（さそり座）から来ています」と言っている。

質問者Ａ　ネアンデルタール？

宇宙人「通称、ネアンデルタールと……」。

質問者Ａ　あなたのお名前は？

大川隆法　あなたの名前は？　何とおっしゃる方ですか。男性ですか。女性ですか。

宇宙人「男性です」。

大川隆法　リーダーさんの名前はございますか。

（約五秒間の沈黙）

イマン……、「イマンガー」と言っている。イマンガーという名前の方。

質問者A　イマンガー？

ユーラシア大陸に下りて、人類のイノベーションにかかわった

質問者A　今日は、何か目的があって来られていますか。

大川隆法　今日は、目的が何かあって来ていますか。

（約十秒間の沈黙）

「ネアンデルタール人が出たときに、私たちの星から、一部、人類を下ろしたんです」ということを言ってはいますね。

ですから、（遅《おそ》くとも）数万年前でしょうか。

質問者A　そうですね。

大川隆法　「ユーラシア大陸に下ろしました」と。

質問者Ａ　下ろすときは、宇宙船で下ろしたんですか？

大川隆法　「そうですね。ちょっと枝分《えだわ》かれしたんですが、文明が、こちらの大陸が沈没《ちんぼつ》したりした所とは違《ちが》って、沈没してないほうのユーラシア大陸に下りた者です」とは言っていますけどね。

「だから、人類のイノベーションにかかわった者で、道具をつくり、使う人類として登場して、化石で遺《のこ》っていると思います」と言っています。

イマンガー　「昔の頭の形が違うということで、化石では遺っているはずです。頭が大きいんです。現代人は、ネアンデルタール人より頭が小さいんです。だから、私たちのほうが頭脳の容量は大きかったんです」。

質問者Ａ　では、どちらが進化しているかは分からない。

イマンガー　「そうなんです。来たときはそこそこ進んでいたんですが、地球に住んでいるうちに、だんだん劣化《れっか》が進んでしまって。古い人類よりは進んだんですけど、しばらくすると、だんだんに劣化していってしまって、ちょっと難しかったですね。ただ、いろんな武器とかもつくれるようになった時代でもあるんですよね」。

星における重要な価値観は「食料の安定供給」

質問者Ａ　さそり座は……、何か星の特徴《とくちょう》はありますか？

大川隆法　星の特徴は何ですか。星の特徴は？

「わりに暖かめの星が好きは好きなので。だから、暖かい地域を中心に広がったのは広がったんですけどね」ということを言っている。

質問者A　あなた様の星では、価値観で何か重要なものはありますか。

大川隆法　価値観で重要なものはありますか。

（約十秒間の沈黙）

「道具と、やっぱり、計画的な穀物づくり等をかなり定着させたので。だから、まあ、大切なものとしては、食料の安定供給のようなものをだいぶやりました」と言ってはいますね。

質問者A　では、地球の人間と食べるものとかも近いのでしょうか。

イマンガー　「そうですね。もとは野生のものを食べていましたが、そういうものを飼うようになったり、それから、自然に沼地《ぬまち》に生《は》えていたような稲《いね》とか、畑になっていなかった所に生えていた小麦とか、そういうようなものを、もう一段、生産性を向上させることを指導したりしたので。

まあ、古代にとっては、そういう仕事でも、神の仕事みたいなものだったんです。だから、通称、ネアンデルタールと呼ばれているのは、私たちなんですけど」。

これから食料危機が来るので、「豊穣《ほうじょう》の神」「豊作《ほうさく》の神」が必要

質問者Ａ　今日、来てくださった意味は何かありますか。

大川隆法　今日来てくれた意味は何かありますか。食料問題と何か関係はありますか。イナゴとか。あるいはウィルスとか。何か言いたいことはありますか。

（約五秒間の沈黙）

「これからの人類が増えていく未来をつくれるか、つくれないかは、食料の供給の限界と関係があるんです」というようなことは言っていますね。

イマンガー　「だから、私たちも、何か協力できないかなと思って、今、来てはいるんですけどね。食料の危機がやっぱり来ると思うは思うので。アフリカなんかも、食料危機でたいへん死ぬかもしれないし、砂漠《さばく》地帯等もけっこう厳しいでしょうね。中国だって、食料難にきっとなりますよ。こういうときに、食料を効率的に増産する方法も、イノベーションをかけなければいけないんじゃないかなと思っています」。

質問者A　信じている神様はいらっしゃいますか？

イマンガー　「私たちは、星からもう離《はな》れて、こちらのほうに来ているほうなので、みなさんと同じように、チームを組んでやっておりますけど。

まあ、〝地球産の祟《たた》り神〟もけっこう流行《はや》っているようであるけれども、祟り神をなだめる意味では、やっぱり貢《みつ》ぎ物をたくさんつくらなければいけないので、そんなに大勢の人が死ななくてもいいような未来をつくりたいと思っています」。

質問者A　なるほど。

イマンガー　「そういう意味で、〝豊穣《ほうじょう》の神〟っていうか、豊作《ほうさく》、豊穣、そういう豊かさの神のようなものと、主として関係を持っております。飢饉《ききん》が続いたりすることもあって、そういうときに、死神、疫病神《やくびょうがみ》が跋扈《ばっこ》しますけど、今、たくさん出てきています、そういうものがね。で、また豊穣の神っていうか、豊作の神が必要なのでね。

まあ、私たちは、そういう宇宙の根本神《こんぽんしん》とか、そんな大きな地球計画とかいうところまでは無理な者ですけれども、ただ、地球を豊かにし、平和にするために貢献《こうけん》はできるのではないかと。だから、私たちの考えが転化すれば、今で言えば、経済や経営等をうまくする力にはなるんじゃないかなと思っています」。

質問者A　ありがとうございます。（カメラの）画面からもう消えてしまって。真上だから、もう撮《と》れないかもしれません。すみません。

大川隆法　ああ、そうですか。

ＵＦＯは八角形で二十人乗り、主食はバナナ

質問者A　ちなみに、ＵＦＯリーディングなので、今日のＵＦＯの形は？

イマンガー　「今日のＵＦＯは、八角形のＵＦＯです。八角形で、広いほうで計算すると、三十メートルぐらいですかね。そのくらいの感じです」。

質問者A　何人乗りですか？

イマンガー　「二十人ぐらいですかね」。

質問者A　男女はいるんですか？

イマンガー　「両方います」。

質問者A　服は着ていますか？

イマンガー　「猿型といっても、いちおう簡単なコスチュームはあります」。

質問者A　ちなみに、ＵＦＯのなかでは何を食べているんですか？

イマンガー　「乾燥《かんそう》バナナを持っていて、それに水分を与《あた》えて、戻《もど》すっていう……」。

質問者A　（笑）バナナが好きなんですね。

イマンガー　「バナナです」。

質問者A　バナナは素晴《すば》らしいですね。

イマンガー　「主食はバナナなんですが、穀物も一部、加工して食べてはいます」。

質問者A　分かりました。

イマンガー　「携帯食《けいたいしょく》なんでね、そんなにおいしくはないんですけどね」。

質問者A　また星に帰るんですか?

イマンガー　「そうですね。でも、しばらくはいると思いますよ。まだ数年ぐらいはいると思うので」。

質問者A　ずっとUFOのなかにいるんですか？

イマンガー　「いえいえ、母船がありますから」。

質問者A　あっ、もうちょっと上に？

イマンガー　「母船から出てきているので。

今ね、『死神』と『疫病神』がかなり出回っていますから、地上には。一方で、〝花咲《はなさ》かじいさん〟風に豊かにする人も要《い》るかなと思って、われわれは、今、自分たちは何ができるか考えているので、ええ。

飢饉、干ばつのときには、どこかで豊作のところをつくらなければいけないので、それを今、ちょっと研究しているところです」。

質問者A　分かりました。地球のことを考えてくださって、ありがとうございます。

イマンガー「ですから、『救いの神』もあるんですよ。そう思ってください。通称ネアンデルタールでした」。

質問者A　はい。どうもありがとうございました。

UFOリーディング56

10

見取り図のない未来に針路を示す

エルダー星ヤイドロン

2020年9月3日 収録　幸福の科学 特別説法堂《せっぽうどう》にて

夜空に激しく瞬《またた》いているヤイドロン機

大川隆法　激しく動いています。（カメラに）入らないですか？

質問者A　ちょっと待ってください。（カメラに）入りました。もっと接近します。

大川隆法　カメラに映っていますか？

質問者A　はい。ちょっとお待ちください……。上のほうに現れた。はい。

大川隆法　台風９号が過ぎて、今日は東京にも余波が

2020年９月３日、東京都上空に現れたUFOの画像。

ありました。晴れたり風が吹《ふ》いたり雨が降ったりと、だいぶあって、続いて10号で、すごく大きいものがまた近づいてきています。

夜はちょっと、今、空が晴れて、ヤイドロン機と思われるものが、激しく瞬《また》きながら存在しています。これ一つが大きく見えます。

でも、警備機がついていると思われます。先ほど見たときには、右下に警備機があったのですが、今はちょっと、右上側に警備機がついているように見えて、小型機が警備していますね。これはヤイドロン機だと思います。

ヤイドロン機が出ていますね。まあ、本も出ますから、メッセージもあるかもしれないし、あれなんですけれども。

どうでしょうか。何か訊《き》いてみましょうか。

質問者A　はい。いちおう「ヤイドロンさんかどうか」から。

●本も出ますから……　『ウィズ・セイビア　救世主とともに―宇宙存在ヤイドロンのメッセージ―』（幸福の科学出版刊）参照。

※以下、「　」内のゴシック体の部分は、大川隆法がリーディングした宇宙人ヤイドロンの言葉である。

大川隆法　アー・ユー・ヤイドロン？　ヤイドロンさんですか？

ヤイドロン　「そうです」。

質問者A　はい。いつもありがとうございます。

ヤイドロン　「はい」。

質問者A　今日は、本当にこの一つだけなんですよ、光って見えるのが。

ヤイドロン　「そうですねえ。星じゃないんで」。

質問者Ａ　何か、本当に瞬いて……。

ヤイドロン「かなり下のほうにいるから、星ではないんです。ほかの星は、何にも見えないでしょう？」

質問者Ａ　はい、見えないです。全然見えない。

ヤイドロン「星ではないので。わりあい、そんなに低くないところに、低くもなく高くもなく、そうですねえ、上空、まあ、八百メートルぐらいのところに、今いましょうかね」。

UFOの形や、激しく点滅《てんめつ》している理由について語る

質問者A　今日のUFOは、どのくらいの大きさですか?

ヤイドロン　「今日は二十五メートルぐらいですけれども、今、光がかなり激しく点滅《てんめつ》しているので。今日の空模様だと、まあ、そんなに誤解される恐《おそ》れもなかろうと思って、点滅は激しくしています」。

質問者A　今日は、どんな形の乗り物ですか?

ヤイドロン　「いや、丸い円盤型《えんばんがた》の外側に、やっぱり、シルクハットで……。ああ！　航空機が飛んできていますね、こちらから。こちらからちょっと、私のほうに向かってきてるんですけど……。

（今日のＵＦＯは）シルクハット型で、まあ、真ん中が、いわゆる円盤部分になっているやつですね、ええ。

フフッ（笑）。まあ、星のように思わせるのも、けっこう大変なんですけどね」。

質問者Ａ　（笑）

ヤイドロン　「近いから分かることは分かるんですけど。まあ、パイロット等は、近くを飛んできていますが、今、下のほうを飛んでいますけど、まあ、報告しませんから、大丈夫《だいじょうぶ》なんですけどね、うん。『見間違《みまちが》いだろう』とかね、言われるだけなので、報告することはありませんけどね」。

東アジアを直撃《ちょくげき》している台風には「日本の神様のご意志が感じられる」

質問者Ａ　最近は、日本は台風がよく来ていますね。九州とか……。

ヤイドロン　「そうですねえ。呼び込《こ》んでいるようですね」。

質問者A　なるほど。

ヤイドロン　「何か、これは日本の神様のほうの系統のご意志が感じられますね。今、でも、九州もかすめていますけれども、韓国《かんこく》、北朝鮮《きたちょうせん》、それから中国の東北部、このあたりを直撃《ちょくげき》なんですよね。今、稲刈《いねか》り前のシーズンなので、いや、かなりの打撃で、北朝鮮のところは、二つ台風が来るので、そうとう参っているようですね」。

「幸福の科学の存在感や必要性は、もっともっと強まってくる」

質問者A　今日は、何かメッセージはありますか。

ヤイドロン　「まあ、日本の政治も、今、変動中で、これからどういう時代が来るのか、みんな不安もあり、希望もあり、まあ、困っているところもあるかと思いますけれども、うーん……。

まあ、私のね、若干《じゃっかん》、主観的な判断が入りますが、あなたがたの存在感というか、必要性みたいなものは、もっともっと強まってくるだろうというふうに思いますよ。見取り図のない未来に対して、日本に対しての発言力、そのときどきの大川総裁の発言が、日本を導くようになると思うし、本当はメディアのほうも、大川総裁はどういうふうに意見を持っているかとか、みんな聞きたがっている感じをすごく受けます。

国民は、来年の日本、再来年の日本、その先の日本はどうなるんだと。国際政治のなかで浮《う》き上がらないかどうか、とても心配していますね」。

質問者Ａ　なるほど。

「菅《すが》新政権は、まだ未知数の感じが強い」

質問者Ａ　夏も終わりそうで、秋、冬と、年の後半が始まりますが、後半もまた何か、いろいろと乗り越《こ》えなければいけないことが起きる……。

ヤイドロン　「うん、まあ、難題はまだ出てくると思います」。

質問者Ａ　ああ。

ヤイドロン　「一つは、中国・香港《ホンコン》・台湾《たいわん》問題、これが一つ出てくるし、アメリカは大統領選が大きな争点で、ここも国際舞台《ぶたい》の戦いになっているし、安倍《あべ》さんなきあとというか、退場したあとの菅《すが》さんの政権で、日本がどんな役割を果たせるかというのは、国際的にはまだ未知数の感じが強いと思いますので（編集注。菅義偉《よしひで》氏は、本リーディングの前日の二〇二〇年九月二日に自民党総裁選への立候補を正式表明。その後、十四日の選挙で新総裁に選出された）。
まあ、菅さんは、おおむね、大川隆法発信の国際政治の見取り方を信じているようには思われますのでね。意見の出しがいはあるとは思いますけどね。
まあ、本当に、〝神頼《かみだの》み〟したい気持ちがこちらのほうにも来ますね」。

質問者Ａ　なるほど。そういう信仰心《しんこうしん》はお持ちでいらっしゃるとは……。

ヤイドロン　「うん、台風が二つ来るので、ちょっとね、それも不安材料に思っているみたいですよ。
『何か、日本の政治にご不満があるのかな。天照《あまてらす》様のご不満があるのかな』と思っていて、『もし、それなら、ちゃんと言ってくれても……。また天照様のご意見がありましたら、聞きたい。（自民党）総裁に選出されましたら、そういうものも聞いてみたいな』というふうには思っているようです」。

質問者A　なるほど。

ヤイドロン　『中心的には、天照様のご意見に合わせなければいけない』というふうには思っているようですね」。

質問者A　分かりました。

説法《せっぽう》三千二百回目となった、ヤイドロンのUFOリーディング

質問者A　ということで、ヤイドロンさんの霊言《れいげん》が……、霊言ではないですね、「UFOリーディング」。

ヤイドロン　「アハハッ（笑）」。

質問者A　この更新《こうしん》が、説法《せっぽう》三千二百回目となりました！　ありがとうございます！（拍手《はくしゅ》）

ヤイドロン　「はい（笑）。何か、すみませんね、邪魔《じゃま》しちゃったようで」。

質問者A　いえいえいえ。

ヤイドロン　「もっと華々《はなばな》しいものでやればよかったのに。空を見ながら三千二百回って、ちょっと悲しいかな」。

質問者A　いえ、宇宙人の方と、こうしたかたちでお話しできるようになったことも、また、とても奇跡《きせき》的なことだと思います。

ヤイドロン　「ほんの二、三年前にね、さまざまな宇宙人のなかの一人として出てきて、ねえ？　やっているうちに、だんだんにかなり身近な存在として、あなたがたにも信頼《しんらい》してもらえるようになってきたのでね」。

質問者Ａ　本当にありがとうございます。

ヤイドロン　「この夏も護《まも》っていましたしね」。

質問者Ａ　はい。

ヤイドロン　「それから、私の意見でね、幾《いく》つか取りやめてもらったものもあったりもしましたからね、夏ね。私も、警備主任でもあれば、〝官房長官《かんぼうちょうかん》〟でもあるのかなあという感じはします」。

質問者Ａ　確かに。

ヤイドロン　「危機管理担当なので。天上界《てんじょうかい》から、〝星の世界〟からの危機管理をやっています」。

質問者Ａ　今後ともよろしくお願いします。

「映画『奇跡《きせき》との出会い。』は、世界的にまだまだ広がっていくと思う」

ヤイドロン　「でもねえ、今日は映画……」。

質問者Ａ　はい。「奇跡《きせき》との出会い。」。

ヤイドロン　「うん、うん。『●奇跡との出会い。――心に寄

●「奇跡との出会い。―心に寄り添う。３―」　企画・大川隆法。2020年８月公開のドキュメンタリー映画。

り添《そ》う。３――』を観《み》に行けましたけど、まあ、小さな小さな〝弾《たま》〟かもしれない

けれども、宗教的には大きな〝弾〟なんですよね」。

質問者Ａ　はい、本当に。

ヤイドロン　「世界中に、ジワジワッと、ゆっくりと広がっていって、日本中にも

う、今こういうことを映画にして出せる宗教があるというのは、これはすごいこと

ですよね」。

質問者Ａ　はい、すごいことですよね。

ヤイドロン　「ないものね。今、そういう宗教なんかないですから」。

質問者Ａ　ないです。

ヤイドロン　「ええ。公然と幸福の科学の名前を出して、『こういうことが、今、起きていますす』と言えるっていう。コロナの時代にこういうものを出せるって、すごいことですよ」。

質問者A　はい。

ヤイドロン　「ええ。コロナのあれ（事例）でも出そうかと思ったら、ほとんどもう、対象者もいないので、ほかの、もっと難病が治る話ばかりになりましたね」。

質問者A　はい。

ヤイドロン　「『コロナなんかに罹《かか》りはしない』というか、本格的な信者たちは、まったく怖《こわ》がってもいないので、ええ。コロナの時代だけど、コロナ中心にはなりませんでしたけどね。
でも、世界的に、これは、まだまだ武器として広がっていくと思いますよ。一年、二年と。いい仕事をしていくと思います」。

質問者A　はい。すごいことでした。

世界において「正義とは何か」を言えるところが「世界の中心」

ヤイドロン　「いやねえ、やっぱり、そうは言ってもね、教団に力があると思いますよ。ほかの宗教は何にもできていないし、そもそも価値判断ができない。価値判断ができず、行動ができない。ね？　ましてや広げる理由もないという感じですよね。

だから、この、限りなく店をたたむところが増えているなかでね、今、必要なことを堂々と言える、それも、分断《ぶんだん》かどうかという世界政治についても意見が言えるって、すごいことですからね。

まあ、『世界において、正義とは何かが言える』というのは、これは、『そこが世界の中心だ』ということですよ」。

質問者A　うーん、なるほど。

ヤイドロン　「間違いなく。だから、分断政治なのか、それは正しい政治なのか、それを言わなければいけない。

だから、本当はアメリカも……、まあ、日本もそうだけど、アメリカも台湾もヨーロッパもね、幸福の科学を頼《たよ》りにする時代が、もうすぐ来るということですよ」。

質問者A　「総裁先生が、どうお考えになるか」ということが指針になる時代が来ると……。

ヤイドロン　「そうですね」。

「日本の針路や幸福の科学の針路はお任せください」

ヤイドロン　「低いところを飛んでいる雲より下に、私がいるんですよ」。

質問者Ａ　ああ……。なるほど。

ヤイドロン　「分かりますか？」

質問者Ａ　はい。

ヤイドロン　「あの雲がね、一キロの高さはないかもしれないぐらいなんですよね。それより下にいるでしょう？　だから、低いんです、位置が、今」。

質問者A　ああ……。本当ですね。
　ちょっと、斜《なな》めに三つ、星が見えてきましたけれども。
ヤイドロン　「ああ、まあ、ほかのもちょっと出てきました……。あっ、こちらね、空がね」。
質問者A　全然、明るさが違いますね。
ヤイドロン　「うん、そうですね。出てきたんですね。
　まあ、ご挨拶《あいさつ》なので。『ヤイドロンの霊言』●も出していただけて。次、出るんでしょう？」
質問者A　はい、出ます。

●『ヤイドロンの霊言』……　『ウィズ・セイビア　救世主とともに―宇宙存在ヤイドロンのメッセージ―』（前掲）のこと。

ヤイドロン　「うん、うん。ありがとうございます」。

質問者A　いえ。こちらこそ、ありがとうございます。

ヤイドロン　「ますます精進《しょうじん》して、いい仕事をしようと思いますので」。

質問者A　はい、私たちも……。

ヤイドロン　「『日本の針路や幸福の科学の針路はお任せください』というつもりですね。多少なりとも、高い見識を示さなくてはいけないと思っています」。

質問者A　はい。

現代において、宇宙人の言葉を直接伝えられることのすごさ

ヤイドロン　「まあ、こんな話で三千二百回目、まこと、失礼かと存じますけれども」。

質問者A　いえいえ。すごいことですよ。この現代において、宇宙人の方と話ができるので。そのお考えが……。

ヤイドロン　「そうなんですよ。まあ、宇宙人の痕跡《こんせき》を一生懸命《いっしょうけんめい》探しているし、その起源を捉《とら》えようとしてね、一生懸命やって。『見たことのある人はいますか』とかアンケートをしたり、インタビューをして回っているなか、直接言葉を伝えられるって、これはすごいですから」。

質問者Ａ　すごいことですし、さらに、宇宙の方々が、地球に下りられた神様を外護《げご》し、地球の未来を拓《ひら》くために、こういう仕事を一緒《いっしょ》にしてくださっているということを目《ま》の当たりにできる時代は、ほぼないですから。

ヤイドロン　「そうなんですよ。いや、まあ、今、宇宙論のなかでね、『神々が、昔、宇宙から来たんじゃないか』とかいうのをやっていますけどね。でも、仏陀《ぶっだ》の時代もイエスの時代も、われわれは、やっぱり宇宙から外護はしていたので」。

質問者Ａ　なるほど。

ヤイドロン　「うん。まあ、それが正確には伝わっていないとは思いますけどね」。

質問者Ａ　なかなか、ここまで明かしてくださることはないですからね。

ヤイドロン　「うーん。まあ、時代がね、時代ですから、難しいとは思いますけどね。

まあ、こういうことで、今、上を流れている雲より下に私はいるということです」。

質問者Ａ　はい。

ヤイドロン　「分かりましょうか」。

質問者Ａ　ありがとうございます。

「日本の針路、世界の針路として何を言うべきかが大事」

ヤイドロン　「三千二百回、おめでとう。そして、幸福の科学は、まだ未来は明るいし、政治のほうもね、今、ちょっと落ち込んでいると思うけれども、自分たちの時代が来ると思って、やっぱり、精進しなくては駄目《だめ》ですよ」。

質問者Ａ　はい。

ヤイドロン　「考え方を決めてね。それが大事なので。何が今、正しいか。何を今、言う必要があるのか。日本の針路として、何を言うべきか。世界の針路として、何を言うべきか。これを伝えていくことが、今、大事なことなので」。

質問者Ａ　自分たちの時代というか、弟子《でし》としては、やはり、「神様のお考えを伝えられる器《うつわ》になれる時代が、いつか来るぞ、来させなければならないぞ」と思わなければいけないですね。

ヤイドロン　「そうそう。ええ、そうですね。だから、そこまで行かないところはね、この世の〝数合わせ〟をしてね、そして、力を競争しているところばかりですよね。
まあ、今、ちょっと雲が後ろを通ったところで、私が雲より下にいることが、はっきり分かりましたね」。

質問者Ａ　なるほど。

ヤイドロン　「うん。星ではないということですね、ええ。
まあ、まだまだ、私たちは、幸福の科学が世界に認められることによって、奇跡も起きるが、この宇宙の人たちの考えを伝えることもできる器になっていただきたいなと思っているので」。

質問者Ａ　はい、そうですね。

ヤイドロン　「信用も、それから、それだけの組織力も、実行力も備えてほしいと思っています」。

質問者Ａ　はい。

ヤイドロン　「日本の危機は、私たちも一緒になって考えるので、ええ。それから、アメリカについてもね、考えますし、イランについても考えますから。まあ、頑張《がんば》ってやっていきましょう」。

質問者Ａ　はい。本当にありがとうございます。

ヤイドロン　「ええ、また盛り返していかなくてはいけませんね。はい」。

質問者A　はい。ありがとうございました。

ヤイドロン　「こんなことでいいですか」。

質問者A　はい。

ヤイドロン　「はい。はい、どうも」。

質問者A　貴重な三千二百回目でした。

ヤイドロン　「はい。ありがとうございました」。

質問者A　ヤイドロンさん、総裁先生、ありがとうございました。

あとがき

本書の特徴としては、敵方《てきがた》宇宙人や、防衛担当宇宙人、メシア型宇宙人まで紹介していることである。

一九八六年に立宗してから、霊界と霊人の紹介はし続けているが、古代の文明には、一部、神と同一視《どういつし》される宇宙人が登場していることもお知らせしている。

いよいよ私たちの住んでいる地球と地球人の置かれているすべての情報が明かされようとしている。

この広い宇宙に、地球にだけ人類型生命が住んでいると考えるのは、ごう慢な思想だと思う。地球に類似した環境を持つ星は、何百万個とあるだろう。

こうしたUFOリーディングも、一つの科学のあり方として、情報の集積が意味を持つだろうと信じている。

本書により、地球の近未来を感じられる人が、一人でも増えることを願っている。

二〇二〇年　九月二十五日

幸福《こうふく》の科学《かがく》グループ創始者兼総裁《そうししゃけんそうさい》　大川隆法《おおかわりゅうほう》

巻末付録　既刊書籍収録　2020年UFOリーディング　目次

1　1月2日　UFOリーディング41（メタトロン）

『中国発・新型コロナウィルス感染 霊査』

第二部　二〇二〇年の世界情勢と覇権主義国家への警鐘

第1章　メタトロンのメッセージ　――UFOリーディング41――

二〇二〇年一月二日 収録　幸福の科学 特別説法堂にて

中国にもう一度、宗教を流行らせなければいけない

3　メタトロンから地球人へのメッセージ

「地球の最終判定者はエル・カンターレである」

「台湾・香港で、地球の運命が変わる可能性がある」

今年は世界にいろいろな変動が起こる可能性がある

「救世主の自覚」は、仕事の大きさ・実績で変わっていく

2　1月3日　UFOリーディング42（R・A・ゴール）

『中国発・新型コロナウィルス感染 霊査』

第二部　二〇二〇年の世界情勢と覇権主義国家への警鐘

第2章　R・A・ゴールのメッセージ　——UFOリーディング42——

二〇二〇年一月三日 収録　幸福の科学 特別説法堂にて

1　東京上空の低い位置に現れた「強い光」

2　二〇二〇年の厳しい始まりを予言する

「中国に、信じられないようなことが幾つか起きる」

「安倍首相ができなかったことのツケ」が一気に出てくる

中国の動きに対して、「宇宙からも一部介入をかける」

3　2月17日　UFOリーディング45（R・A・ゴール）

『守護霊霊言　習近平の弁明』

第5章　R・A・ゴールのメッセージ　——UFOリーディング45——

二〇二〇年二月十七日　収録　幸福の科学　特別説法堂にて

1　**中国変革への強い意志**

強い意志を持って瞬いている光をリーディングする

和歌山に感染者が出た理由

「中国への依存を見直せ」という天意の働き

中国のこれ以上の経済発展は許さない

アウシュビッツ化しつつある中国の現状

「正しくないものは、世界に影響を与えすぎてはならない」

2　**「日本よ、国家たれ」**

「無神論の国ではないことをはっきりすることが、国の独立を護る」

「R・A・ゴールもなめちゃいけないよ」

「勤勉の精神を取り戻すことが大事」「もう一段の脅威は来ます」

「中国に依存する経済や政治は改めるべき」

二〇二〇年はインディペンデントであることを勉強する年

3　**宇宙的正義を打ち立てる**

習近平氏が反省しないかぎり、やめるわけにはいかない

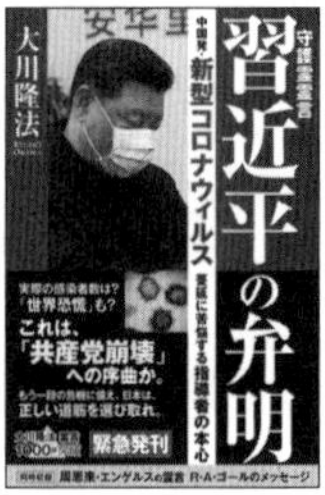

唯物論者は「この世の生」に執着し、「自己保存」が強くなる
R・A・ゴールが乗ってきたUFOとは?
「私たちは宇宙的正義を打ち立てる」

4 3月18日 UFOリーディング46(R・A・ゴール)

『中国発・新型コロナウィルス 人類への教訓は何か』
第二部 R・A・ゴールのメッセージ
第2章 地球を超えた宇宙的救世主の存在
——UFOリーディング46(R・A・ゴール)——
二〇二〇年三月十八日 収録 幸福の科学 特別説法堂にて

1 新型コロナウィルス感染への「心構え」と「対策」
新型コロナウィルス感染に対して強気の幸福の科学
宇宙人情報が後れている日本
「信仰による強い心」を持て
エル・カンターレを信じることが、すべての救いの〝キー〟になる

2 宇宙人たちが「地球のメシア」に会いに来ている
間違った価値観を引っ繰り返すための戦いが起きている
「地球のメシアが目覚める」ことは宇宙的事件

5 4月14日 UFOリーディング50（メタトロン、ヤイドロン）

『釈尊の未来予言』

第3章　メタトロン、ヤイドロンのメッセージ

——UFOリーディング50——

二〇二〇年四月十四日 収録　幸福の科学 特別説法堂にて

1　**メタトロンからのメッセージ**

「私たちも〝変数〟の一つ」「芸術的な決着をつけるつもり」

「幸福の科学は『最後の砦』にならなければいけない」

2　**ヤイドロンからのメッセージ**

「コロナウィルス、恐れることなかれ」

欧米も中東も、「本当の神」を求めるようになる

地球の始原だけでなく、「宇宙の始原の神」が存在する

「地球の未来を混乱させないように、われわれも戦っている」

3　**エル・カンターレの本心が少し出ていた「釈尊の霊言」**

6　5月14日　UFOリーディング55（R・A・ゴール）

『地球を見守る宇宙存在の眼』

第一部　地球を見守る宇宙存在の眼

第2章　コロナ・パンデミックの「ネクスト・ステージ」を語る

——UFOリーディング55——

二〇二〇年五月十四日　収録　幸福の科学　特別説法堂にて

1　数秒で消えた白い光について

リエント・アール・クラウドが解説する

「人魂」風に夜空を飛んでいた白い光

「あれは、みんなにはまだ見せられないレベルのもの」

2　コロナ問題についてR・A・ゴールの意見を聞く

呼びかけに応じて空に現れた一つの光

映画「心霊喫茶『エクストラ』の秘密」の公開中はコロナを抑え込む

「神罰は、五段階目ぐらいまで考えている」

食料危機や疫病に対しては、神に祈るしかない

イエス・キリストに関連する宇宙人は、メタトロン以外にもいる

中国は自国内でコロナウィルスを広げるつもりはなかった

『ＵＦＯリーディング　地球の近未来を語る』関連書籍

『太陽の法』（大川隆法 著　幸福の科学出版刊）
『中国発・新型コロナウィルス感染 霊査』（同右）
『ＵＦＯリーディングⅡ』（同右）
『「ＵＦＯリーディング」写真集』（同右）
『習近平守護霊　ウイグル弾圧を語る』（同右）
『宇宙人による地球侵略はあるのか』（同右）
『地球を守る「宇宙連合」とは何か』（同右）
『メタトロンの霊言』（同右）
『ローマ教皇フランシスコ守護霊の霊言』（同右）
『ウィズ・セイビア　救世主とともに
――宇宙存在ヤイドロンのメッセージ――』（同右）

『公開霊言　古代インカの王　リエント・アール・クラウドの本心』（同右）
『地球を見守る宇宙存在の眼――R・A・ゴールのメッセージ――』（同右）

UFOリーディング　地球《ちきゅう》の近未来《きんみらい》を語《かた》る

2020年10月８日　初版第１刷

著　者　　大《おお》　川《かわ》　隆《りゅう》　法《ほう》

発行所　　幸福の科学出版株式会社

〒107-0052 東京都港区赤坂２丁目10番８号
TEL(03)5573-7700
https://www.irhpress.co.jp/

印刷・製本　株式会社 研文社

落丁・乱丁本はおとりかえいたします

ISBN978-4-8233-0220-6 C0030

大川隆法霊言シリーズ・宇宙存在からのメッセージ

地球を見守る宇宙存在の眼

R・A・ゴールのメッセージ

メシア資格を持ち、地球の未来計画にも密接にかかわっている宇宙存在が、コロナ危機や米大統領選の行方、米中対立など、今後の世界情勢の見通しを語る。

1,400円

ウィズ・セイビア　救世主とともに

宇宙存在ヤイドロンのメッセージ

正義と裁きを司る宇宙存在が示す、地球の役割や人類の進むべき未来とは？ 崩壊と混沌の時代のなかで、宇宙人の側から大川隆法総裁の使命を明かした書。

1,400円

イエス　ヤイドロン　トス神の霊言

神々の考える現代的正義

香港デモに正義はあるのか。LGBTの問題点とは。地球温暖化は人類の危機なのか。中東問題の解決に向けて。神々の語る「正義」と「未来」が人類に示される。

1,400円

メタトロンの霊言

危機にある地球人類への警告

中国と北朝鮮の崩壊、中東で起きる最終戦争、裏宇宙からの侵略──。キリストの魂と強いつながりを持つ最上級天使メタトロンが語る、衝撃の近未来。

1,400円

※表示価格は本体価格（税別）です。

大川隆法 霊言シリーズ・宇宙存在からのメッセージ

中国発・新型コロナウィルス 人類への教訓は何か

北里柴三郎 R・A・ゴールの霊言

未曾有のウィルス蔓延で、文明の岐路に立つ人類──。日本の細菌学の父による「対策の要点」と、宇宙の視点から見た「世界情勢の展望」が示される。

1,400円

中国発・新型コロナウィルス感染 霊査

中国から世界に感染が拡大する新型ウィルスの真相に迫る！ その発生源や〝対抗ワクチン〟とは何かなど、宇宙からの警告とその背景にある天意を読み解く。

1,400円

UFOリーディングⅠ・Ⅱ

なぜ、これほどまでに多種多様な宇宙人が、日本に現れているのか？ 著者が目撃し、撮影した数々のUFOをリーディングした、シリーズⅠ・Ⅱ。

各1,400円

「UFOリーディング」写真集

謎の発光体の正体に迫る

2018年夏、著者の前に現れた60種類を超えるUFO。写真はもちろん、彼らの飛来の目的や姿等の詳細なリーディングが詰まった、衝撃の一書。

1,500円

幸福の科学出版

大川隆法 ベストセラーズ・地球神エル・カンターレの真実

太陽の法

エル・カンターレへの道

創世記や愛の段階、悟りの構造、文明の流転を明快に説き、主エル・カンターレの真実の使命を示した、仏法真理の基本書。14言語に翻訳され、世界累計1000万部を超える大ベストセラー。

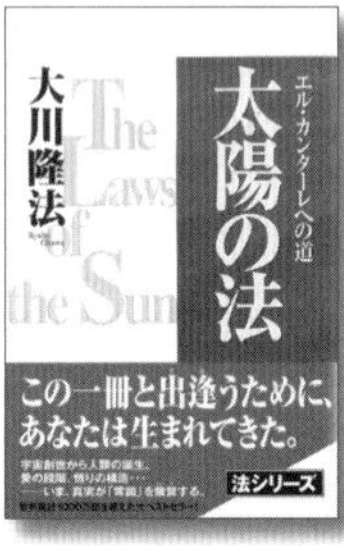

2,000円

信仰の法

地球神エル・カンターレとは

さまざまな民族や宗教の違いを超えて、地球をひとつに──。文明の重大な岐路に立つ人類へ、「地球神」からのメッセージ。

2,000円

大川隆法
東京ドーム講演集

エル・カンターレ「救世の獅子吼」

全世界から5万人の聴衆が集った情熱の講演が、ここに甦る。過去に11回開催された東京ドーム講演を収録した、世界宗教・幸福の科学の記念碑的な一冊。

1,800円

幸福の科学の十大原理
（上巻・下巻）

世界120カ国以上に信者を有する「世界教師」の初期講演集が新装復刻。幸福の科学の原点であり、いまだその生命を失わない救世の獅子吼が、ここに甦る。

各1,800円

※表示価格は本体価格（税別）です。

大川隆法 ベストセラーズ・混迷の時代を生き抜くために

米大統領選
バイデン候補とトランプ候補の守護霊インタビュー

親中思想のバイデン氏か、神の正義を貫くトランプ氏か？ ２人の候補者の本心を独占インタビュー。メディアでは知り得ない米大統領選の真実がここに。

1,400 円

台湾・李登輝元総統 帰天第一声

日本よ、再び武士道精神を取り戻せ！ 香港、台湾、尖閣・沖縄危機が迫るなか、帰天３日後に霊言にて復活した「台湾民主化の父」からの熱きメッセージ。

1,400 円

人の温もりの経済学
アフターコロナのあるべき姿

世界の「自由」を護り、「経済」を再稼働させるために──。コロナ禍で蔓延する全体主義の危険性に警鐘を鳴らし、「知恵のある自助論」の必要性を説く。

1,500 円

コロナ不況下のサバイバル術

恐怖ばかりを煽るメディア報道の危険性や問題点、今後の経済の見通し、心身両面から免疫力を高める方法など、コロナ危機を生き延びる武器となる一冊。

1,500 円

※表示価格は本体価格（税別）です。

大川隆法シリーズ・最新刊

私の人生論

「平凡からの出発」の精神

「努力に勝る天才なしの精神」「信用の獲得法」など、著者の実践に裏打ちされた珠玉の「人生哲学」が明かされる。人生を長く輝かせ続ける秘密がここに。

1,600円

われ一人立つ。大川隆法第一声

幸福の科学発足記念座談会

著者の宗教家としての第一声、「初転法輪」の説法が待望の書籍化！　世界宗教・幸福の科学の出発点であり、壮大な教えの輪郭が説かれた歴史的瞬間が甦る。

1,800円

魔法と呪術の可能性とは何か

魔術師マーリン、ヤイドロン、役小角の霊言

英国史上最大の魔術師と、日本修験道の祖が解き明かす「スーパーナチュラルな力」とは？　宗教発生の原点、源流を明らかにし、唯物論の邪見を正す一書。

1,400円

映画「夜明けを信じて。」が描く「救世主の目覚め」

仏陀、中山みきの霊言

降魔成道、大悟、救世主として立つ――。後世への最大遺物と言うべき、「現代の救世主」の目覚めの歴史的瞬間を描いた映画の「創作の秘密」が明かされる。

1,400円

幸福の科学出版

マドリード国際映画祭
長編外国語映画部門
最優秀作品賞
レインダンス映画祭
特別上映作品
サンディエゴ国際映画祭
公式選出作品
夜明けを信じて。
すべてを捨て、ただ一人往く。
製作総指揮・原作 大川隆法
10.16
Roadshow

幸福の科学グループのご案内

宗教、教育、政治、出版などの活動を通じて、地球的ユートピアの実現を目指しています。

幸福の科学

一九八六年に立宗。信仰の対象は、地球系霊団の最高大霊、主エル・カンターレ。世界百二十カ国以上の国々に信者を持ち、全人類救済という尊い使命のもと、信者は、「愛」と「悟り」と「ユートピア建設」の教えの実践、伝道に励んでいます。

（二〇二〇年九月現在）

愛

幸福の科学の「愛」とは、与える愛です。これは、仏教の慈悲《じひ》や布施《ふせ》の精神と同じことです。信者は、仏法真理をお伝えすることを通して、多くの方に幸福な人生を送っていただくための活動に励んでいます。

悟り

「悟り」とは、自らが仏の子であることを知るということです。教学《きょうがく》や精神統一によって心を磨き、智慧《ちえ》を得て悩みを解決すると共に、天使・菩薩《ぼさつ》の境地を目指し、より多くの人を救える力を身につけていきます。

ユートピア建設

私たち人間は、地上に理想世界を建設するという尊い使命を持って生まれてきています。社会の悪を押しとどめ、善を推し進めるために、信者はさまざまな活動に積極的に参加しています。

国内外の世界で貧困や災害、心の病で苦しんでいる人々に対しては、現地メンバーや支援団体と連携して、物心両面にわたり、あらゆる手段で手を差し伸べています。

年間約２万人の自殺者を減らすため、全国各地で街頭キャンペーンを展開しています。

公式サイト **www.withyou-hs.net**

自殺防止相談窓口

受付時間　火～土:10～18時（祝日を含む）

TEL **03-5573-7707** メール **withyou-hs@happy-science.org**

ヘレン・ケラーを理想として活動する、ハンディキャップを持つ方とボランティアの会です。視聴覚障害者、肢体不自由な方々に仏法真理を学んでいただくための、さまざまなサポートをしています。

公式サイト **www.helen-hs.net**

入会のご案内

幸福の科学では、大川隆法総裁が説く仏法真理《ぶっぽうしんり》をもとに、「どうすれば幸福になれるのか、また、他の人を幸福にできるのか」を学び、実践しています。

入会

仏法真理を学んでみたい方へ

大川隆法総裁の教えを信じ、学ぼうとする方なら、どなたでも入会できます。入会された方には、『入会版「正心法語《しょうしんほうご》」』が授与されます。

ネット入会 入会ご希望の方はネットからも入会できます。
happy-science.jp/joinus

三帰《さんき》誓願《せいがん》

信仰をさらに深めたい方へ

仏弟子としてさらに信仰を深めたい方は、仏《ぶっ》・法《ぽう》・僧《そう》の三宝《さんぽう》への帰依を誓う「三帰誓願式」を受けることができます。三帰誓願者には、『仏説・正心法語』『祈願文《きがんもん》①』『祈願文②』『エル・カンターレへの祈り』が授与されます。

幸福の科学 サービスセンター
TEL 03-5793-1727（受付時間／火～金：10～20時 土・日祝：10～18時（月曜を除く））
幸福の科学 公式サイト happy-science.jp

ハッピー・サイエンス・ユニバーシティ
Happy Science University

ハッピー・サイエンス・ユニバーシティとは

ハッピー・サイエンス・ユニバーシティ（HSU）は、大川隆法総裁が設立された「現代の松下村塾」であり、「日本発の本格私学」です。建学の精神として「幸福の探究と新文明の創造」を掲げ、チャレンジ精神にあふれ、新時代を切り拓く人材の輩出を目指します。

人間幸福学部　経営成功学部　未来産業学部

HSU長生キャンパス TEL **0475-32-7770**
〒299-4325　千葉県長生郡長生村一松丙 4427-1

未来創造学部

HSU未来創造・東京キャンパス
TEL **03-3699-7707**
〒136-0076　東京都江東区南砂2-6-5　公式サイト **happy-science.university**

学校法人 幸福の科学学園

学校法人 幸福の科学学園は、幸福の科学の教育理念のもとにつくられた教育機関です。人間にとって最も大切な宗教教育の導入を通じて精神性を高めながら、ユートピア建設に貢献する人材輩出を目指しています。

幸福の科学学園
中学校・高等学校（那須本校）
2010年4月開校・栃木県那須郡（男女共学・全寮制）
TEL **0287-75-7777** 公式サイト **happy-science.ac.jp**

関西中学校・高等学校（関西校）
2013年4月開校・滋賀県大津市（男女共学・寮及び通学）
TEL **077-573-7774** 公式サイト **kansai.happy-science.ac.jp**

仏法真理塾「サクセスNo.1」

全国に本校・拠点・支部校を展開する、幸福の科学による信仰教育の機関です。小学生・中学生・高校生を対象に、信仰教育・徳育にウエイトを置きつつ、将来、社会人として活躍するための学力養成にも力を注いでいます。

TEL 03-5750-0751（東京本校）

エンゼルプランV

東京本校を中心に、全国に支部教室を展開しています。信仰に基づいて、幼児の心を豊かに育む情操教育を行っています。また、知育や創造活動を通して、子どもの個性を大切に伸ばし、天使に育てる幼児教室です。

TEL 03-5750-0757（東京本校）

不登校児支援スクール「ネバー・マインド」

TEL 03-5750-1741

心の面からのアプローチを重視して、不登校の子供たちを支援しています。

ユー・アー・エンゼル！（あなたは天使！）運動

障害児の不安や悩みに取り組み、ご両親を励まし、勇気づける、障害児支援のボランティア運動を展開しています。

一般社団法人 ユー・アー・エンゼル
TEL 03-6426-7797

NPO活動支援

学校からのいじめ追放を目指し、さまざまな社会提言をしています。また、各地でのシンポジウムや学校への啓発ポスター掲示等に取り組む一般財団法人「いじめから子供を守ろうネットワーク」を支援しています。

公式サイト mamoro.org　ブログ blog.mamoro.org
相談窓口 TEL.03-5544-8989

百歳まで生きる会

「百歳まで生きる会」は、生涯現役人生を掲げ、友達づくり、生きがいづくりをめざしている幸福の科学のシニア信者の集まりです。

シニア・プラン21

生涯反省で人生を再生・新生し、希望に満ちた生涯現役人生を生きる仏法真理道場です。定期的に開催される研修には、年齢を問わず、多くの方が参加しています。
全世界212カ所（国内197カ所、海外15カ所）で開校中。

【東京校】 TEL 03-6384-0778　FAX 03-6384-0779
メール senior-plan@kofuku-no-kagaku.or.jp

幸福実現党

内憂外患《ないゆうがいかん》の国難に立ち向かうべく、2009年5月に幸福実現党を立党しました。創立者である大川隆法党総裁の精神的指導のもと、宗教だけでは解決できない問題に取り組み、幸福を具体化するための力になっています。

党の機関紙
「幸福実現党NEWS」

幸福実現党 釈量子サイト **shaku-ryoko.net**
Twitter **釈量子@shakuryoko**で検索

幸福実現党　党員募集中

あなたも幸福を実現する政治に参画しませんか。

- ○幸福実現党の理念と綱領、政策に賛同する18歳以上の方なら、どなたでも参加いただけます。
- ○党費：正党員（年額5千円［学生 年額2千円］）、特別党員（年額10万円以上）、家族党員（年額2千円）
- ○党員資格は党費を入金された日から1年間です。
- ○正党員、特別党員の皆様には機関紙「幸福実現党NEWS（党員版）」（不定期発行）が送付されます。

＊申込書は、下記、幸福実現党公式サイトでダウンロードできます。
住所：〒107-0052　東京都港区赤坂2-10-8 6階 幸福実現党本部
TEL **03-6441-0754**　FAX **03-6441-0764**
公式サイト **hr-party.jp**

幸福の科学出版

大川隆法総裁の仏法真理の書を中心に、ビジネス、自己啓発、小説など、さまざまなジャンルの書籍・雑誌を出版しています。他にも、映画事業、文学・学術発展のための振興事業、テレビ・ラジオ番組の提供など、幸福の科学文化を広げる事業を行っています。

アー・ユー・ハッピー?
are-you-happy.com

ザ・リバティ
the-liberty.com

幸福の科学出版
TEL **03-5573-7700**
公式サイト **irhpress.co.jp**

THE FACT

ザ・ファクト
マスコミが報道しない「事実」を世界に伝えるネット・オピニオン番組

ザ・ファクト 検索

NEW STAR PRODUCTION

ニュースター・プロダクション

「新時代の美」を創造する芸能プロダクションです。多くの方々に良き感化を与えられるような魅力あふれるタレントを世に送り出すべく、日々、活動しています。 公式サイト **newstarpro.co.jp**

ARI Production

ARI《アリ》 Production《プロダクション》

タレント一人ひとりの個性や魅力を引き出し、「新時代を創造するエンターテインメント」をコンセプトに、世の中に精神的価値のある作品を提供していく芸能プロダクションです。 公式サイト **aripro.co.jp**

大川隆法　講演会のご案内

大川隆法総裁の講演会が全国各地で開催されています。講演のなかでは、毎回、「世界教師」としての立場から、幸福な人生を生きるための心の教えをはじめ、世界各地で起きている宗教対立、紛争、国際政治や経済といった時事問題に対する指針など、日本と世界がさらなる繁栄の未来を実現するための道筋が示されています。

2019 年 12 月17 日 さいたまスーパーアリーナ「新しき繁栄の時代へ」

2019年10月6日 ザ ウェスティン ハーバーキャッスル トロント（カナダ）「The Reason We Are Here」

2019年7月5日 福岡国際センター「人生に自信を持て」

2019 年3月3日 グランド ハイアット 台北（台湾）「愛は憎しみを超えて」

2019 年7月13 日 ホテル イースト 21 東京「幸福への論点」

講演会には、どなたでもご参加いただけます。最新の講演会の開催情報はこちらへ。⟹ 大川隆法総裁公式サイト https://ryuho-okawa.org